범사에
감사하라

범사에
감사하라

Rejoice always pray without ceasing in everything give thanks

한국교회 新사도행전, '우리 목사님' 9명의 감사스토리

김형준 지음

강같은 평화

추천사

이 시대, 새로운 사도행전이 되는 책
양인평 | 로고스 상임고문변호사 | 한국기독교화해중재원 원장

림인식 목사님, 문선재 목사님, 김순권 목사님 등 이 책에 나와 있는 아홉 분의 목사님 면면을 보면서 이분들의 감사 체험을 묶은 저자나 기획자의 능력에 대해 새삼 고맙다는 생각이 듭니다.

감사 체험을 고백하고 있는 목사님들의 모습이 얼마나 귀한지요. 평소에 존경해 마지않던 이분들은 하나님이 주신 달란트대로 한국교회에서 가장 모범적인 목회를 하시는 참 목자라고 감히 말씀드릴 수 있습니다.

이러한 목사님들의 말씀을 설교문이 아닌 '범사에 감사하라'라는 말씀에 바탕이 된 직접 겪은 이야기들로 만나게 된 것은 교계 목회자들이나 평신도에게 복된 일이라고 생각합니다.

누구나 어려운 일이 있을 수 있고, 말씀대로 살아가기 힘든 처지에 이를 수 있습니다. 그런 어려운 처지에도 하나님께 감사하며 꿋꿋하게 신앙의 힘으로 이겨낸다는 것은 정말 힘든 일입니다. 그러므로 목사님

들이 살아가면서 겪은 힘든 일들이 이처럼 생생하게 고백되어 '감사와 기도'로 승리하는 과정은 좋은 신앙적 지침이 될 것입니다.

또한 이 글들은 독자들에게 진한 영적 감동을 불어넣어 줄 것이리라 믿습니다. 림인식 목사님이 북한군의 위협으로부터 도망쳐 해주에 이르렀을 때, 홍해를 맞닥뜨린 이스라엘 백성의 심정과 같았다는 부분에 이르러서는 정말 가슴 조일 수밖에 없었습니다. 그럴 때 배가 기적처럼 나타나 이들을 건져 올린 사건은 하나님이 이스라엘 백성에게 했던 것처럼 우리 삶에 개입하시는 것을 강력하게 증명하는 것이었습니다.

그뿐만이 아닙니다. 아들의 카투사 입대를 기도했지만 들어주지 않아 섭섭했다는 곽주환 목사님의 진실한 이야기도 우리 목사님이나 신앙인들이 쉽게 겪는 감정의 기복을 보여준다고 생각합니다. 그 때문에 아들의 피부가 말끔하게 고쳐질 수 있었다고 고백하는 곽 목사님의 고백에 감동합니다. 하나님에 대해 무한히 신뢰하지 않으면 아들의 건강과 연관시킬 수 없었을 것입니다.

감사는 우리에게 더 좋은 것을 주신 하나님의 은혜를 찾는 역할을 합니다. 그래서 이분들의 이야기는 우리 삶에 감사를 찾게 합니다. 하나님이 한 사람 한 사람에게 깊은 은혜 주심을 체험하기 때문입니다.

이런 실감나는 이야기들이 아홉 분의 목사님마다 알알이 들어가 있으니 저는 이 글의 추천인으로서 자랑스럽습니다.

살아가면서 부딪힌 문제에 대해 고민하고 어려운 고비를 이겨내는 목사님들의 이야기들을 접하고 이것이 성도들의 삶에 얼마나 도움이 될지 기쁜 마음으로 기대해 봅니다. 아마 이 책은 목회자들과 평신도들에게 같은 시대를 살아가는 이들로부터 듣는 새로운 사도행전이 될 수 있을 것이라는 생각입니다.

문제에 부딪히고 그것을 감사함으로 이겨내는 우리 목사님들의 모습은 신앙인의 귀감이 될 것입니다. 이 책이 나오기까지 애쓰신 저자와 편집자들에게 감사를 돌리고, 독자들에게 평강이 임하시기를 기원합니다.

| 추천사 |

존경합니다!

장영일 | 장로회신학대학교 총장

　최근 한국교회 목회자들의 이야기가 매스컴에 오르내릴 때마다 얼마나 가슴 조이는지 모릅니다. 몇몇 목회자들의 부적절한 행동 때문에 한국교회가 비난을 받고, 점차 신뢰를 잃어버리는 것 같아 안타깝기 그지없습니다. 이와 같은 상황에서 우리 시대의 존경받는 아홉 분의 목회자들로부터 한국교회의 자화상과 앞으로 나아가야 할 방향에 대해 듣고 점검할 수 있는 하나의 책이 발간된 것은 우리 모두에게 얼마나 반갑고 감사한 일인지요.

　우선 본 교단 68회기 총회장을 역임하신 림인식 목사님은 모든 목회자들로부터 칭찬과 존경을 받는 노량진교회의 원로 목사님으로 4대에 걸쳐(림준철-림재수-림인식-림형석) 한국교회의 부흥에 이바지하셨습니다. 강원대학교 총장을 역임하신 문선재 목사님은 현재 세계성시화운동본부 명예 총재로 차세대 목회자들의 영성 회복에 남다른 공헌을 하신 분입니다. 김학중 목사님은 안산에 꿈의교회를 개척하고, '레포츠교회'라는 독특한 목회철학과 영감 있는 메시지를 통해 잠든 한국교회를 깨우고 있는 목회자입니다. 기독교 문단의 대표적 시인이자 '스펀지 목회'로 유명한 김순권 목사님은 CBS재단 이사장과 대한성서공회 이사장으로 재임 중입니다. 이외에도 장로회신학대학교 이사장을 역임하고 '제물 목회'로 자신을 헌신하신 박영선 목사님, '생명을나누는사람들'의 이사장으로 장기기증 문화 확장에 큰 역할을 담당하고 있는 임석구 목사님, 곽주환 목사님, 호용한 목사님, 노치준 목사님 등 모두 개성 있고 특별한 목회철학으로 예수의 삶을 전하며 실천하시는 분들입니다.

우리가 이 땅에서 이토록 훌륭하고 존경받는 분들과 함께 살아 숨쉬며 복음을 전할 수 있다는 사실만으로도 크나큰 복이며, 이 책을 통해 이분들이 살아온 삶의 아픔과 그 아픔을 감사로 극복해 가는 과정을 목도할 수 있는 것이 얼마나 큰 영광인지요.

그러나 이분들도 치열한 삶의 여정 속에서 믿음으로 모든 악조건을 극복했기에 또 다른 역경을 헤쳐 나가야 할 우리에게 큰 감동과 깨달음과 용기를 북돋아 줄 수 있는 것이겠지요.

이 책을 읽는 모든 분들이 선배 목사님들의 인생 경험과 신앙 고백을 공감하고 체득함으로써 새로운 힘과 지혜를 얻고, 더 나아가 아름다운 교회를 다음 세대에 물려줄 수 있게 되기를 기대하며 이 책을 모든 이에게 추천합니다.

차례

01 대한민국 최초, 목사로서 국립대학 총장 1호 문선재 목사 _15
준비시킨 하나님, 권력도 어쩔 수 없었다

02 깊은 영성의 설교자, 세미한 음성에 귀 기울이는 곽주환 목사 _39
하나님이 하시는 일이라면

03 1년에 1억을 나누는 작지만 큰 교회, 큰 목사님 호용한 목사 _59
날마다 나누게 하시니 이보다 더한 감사는 없다

04 차세대 리더십의 롤모델, 개신교 분야 1위 김학중 목사 _81
어려움은 회복의 통로, 축복의 길잡이

05 한국교회사의 밑줄이 된, 4대째 목사 가정 림인식 목사 _103
생명을 주신 하나님! 열 차례 사선을 넘다

06 종군기자, 장교, 시인인 우리들의 목사님 김순권 목사 _127
광야에서 이룬 목회철학, 스펀지 목회

07 생명을 나누는 목사님, 진짜 사랑의 사도 임석구 목사 _149
천국은 바로 진심을 나누는 곳이 아니겠는가

08 스스로 교회에 제물이 된 제물 목회자 박영선 목사 _171
네게 있는 것을 먼저 바치라

09 장로 안수를 먼저, 시낭송하는 행복한 목사님 노치준 목사 _195
목회에 대한 소망이 끊어지지 않게 하소서

| 프롤로그 |

내게 '감사'를 일깨우다

'범사에 감사하라'라는 말씀을 주제로 기획된 이 책을 집필하면서 새로운 시간을 경험했습니다.

부모님이 바라는 것을 사주면 아이들은 "감사해요"라고 합니다. 길을 가다가 어르신의 무거운 짐을 들어드려도 "감사해요"라는 인사를 받습니다. 이렇듯 '감사'는 일상 속에 가벼운 인사쯤으로 인식되어 있을지 모릅니다.

> 쉬지 말고 기도하라 범사에 감사하라 이것이 그리스도 예수 안에서 너희를 향하신 하나님의 뜻이니라 _데살로니가전서 5장 17~18절

그러나 이 말씀을 묵상할수록 '감사'가 '가벼운 인사'라는 생각에서 벗어날 수 있었습니다. 고난 중에 기도하고 회개하며 더불어 고백되는 감사에는 감동의 눈물이 묻어날 수밖에 없기 때문입니다.

한편 성도들에게 '범사에 감사하라'라고 선포하시는 목사님들의 감사 조건이 궁금했습니다. 한국교회를 대표할 만한 목사님들의 '감사 조

건'을 통해 하나님이 주시는 감동, 위로와 회복을 전하고, 감사할 수밖에 없는 고백, 차마 전하지 못한 이야기들까지 전하고 싶었습니다.

매일 반복되는 일상, 밥 먹고 일하고 잠자는 일처럼 '감사'와 '기도'를 습관화하면 참 좋을 것입니다. 그러나 넘치도록 감사하고 기도해야 함을 잘 알면서도 감사하는 것은 결코 쉽지 않습니다. 우리 좋으신 하나님께 그냥 내 자신을 맡기는 것이 우선되어야 하는데, 그것이 그리 녹록지 않아서 그럴 것입니다.

하지만 목회자들의 삶 속에는 언제나 말씀과 감사와 기도가 넘칠 것만 같았습니다. 또한 그분들도 세상을 이기는 삶을 살아야 하기에 남다른 고백이 있을 것 같았습니다. 나와 마찬가지로 삶의 애환, 어떤 문제 앞에 당황스럽고 속이 상했을 테니까요. 그런 고백을 통해 더 깊은 감사의 의미를 헤아려 보고 싶었습니다.

그분들도 '삶'을 사는 분들입니다. 인터뷰하는 내내 프리즘처럼 여과된 깊은 감동을 느꼈습니다. 귀한 목사님들을 만난 것도 감사한데, 진정한 감사의 삶을 살아가는 목사님들의 모습을 보았기 때문입니다.

목사님들은 의외로 멋쩍어 했습니다. 강대상에서 말씀을 선포하시는 목사님들의 모습과는 달리 소박하다고 할까요?

"어려운 처지는 누구나 있는 거지 뭘."

"잠깐 원망스러운 생각이 들었지."

'잠깐'이라는 말씀 중에 하나님의 뜻을 미처 헤아리지 못한 순간, 그 어렵고 힘든 상황을 떠올리는 듯했습니다. 왜 아니겠습니까? 목사님들을 만나고 그분들의 삶의 현장을 보면서 충분히 느낄 수 있었습니다.

노량진교회 림인식 목사님은 인터뷰 내내 말씀을 선포하듯 목소리에 힘이 있었습니다. 거실은 자녀의 사진들로 장식되어 있고, 테이블에는 평생 하나님과 사셨을 목사님의 손때 묻은 성경책이 놓여 있었습니다. 목회자의 롤모델이라고 할 만한 목사님이 지금 누리는 것은 무엇일까요? 한강이 내다보이는 창 너머, 세상을 향한 따뜻한 사랑일 것입니다.

이웃을 돕는 교회로 소문난 옥수중앙교회의 호용한 목사님은 가까이에 돕는 일꾼 하나 없이 홀로 방을 지키고 있었습니다. 유일한 동역자는 여자 전도사님 한 분. 깜짝 놀랐지요. 사례비를 아껴 한 사람이라도 돕기 위함이라는 목사님의 설명 앞에 고개가 숙여졌습니다.

박영선 목사님의 평생 사역지인 봉천교회의 자그마한 방, 오래된 책 향기가 훅 끼쳤습니다. 손때 묻은 물건들에는 지난 세월이 배어 있었습니다. 교회와 성도들을 축복하는 일이 자신의 삶이라는 고백이 감동이었습니다.

베다니교회, 젠틀한 학자풍의 곽주환 목사님은 소소한 일상의 작은 경험들까지 단아한 톤으로 낱낱이 전하셨지요. 뜻밖이었습니다. 그 솔직함과 진실함에 놀랐습니다.

문선재 목사님은 성시화운동에 관한 얘기를 멈추지 않으셨고, 성시화 관련 학교 설립을 위한 소망을 전하셨습니다. 한순간도 놓을 수 없는 순종, 생의 감사를 전하는 마지막 불꽃일 것입니다.

하나님께 '감사하는 법'을 일깨운 목사님 한 분 한 분께 감사드립니다. 또한 그 감동이 뜻깊은 선물이 될 것을 믿습니다. 우리에게 어떻게 살 것인가를 깨닫게 할 것입니다.

  삶 하나하나가 만만치 않은 것인데, 이를 이겨낸 우리 목사님들의 이야기. 그런 면에서 감히 이 책을 '우리 시대의 사도행전'이라고 말하고 싶습니다.

  이 책을 출간하게 된 것에 하나님께 영광 돌리며, 특별히 한국교회 대표 목사님들을 만나게 된 것에 감사합니다. 이같은 감동을 경험하게 한 도서출판 강같은평화에게 감사의 말씀을 드립니다.

저자 김형준

01 준비시킨 하나님, 권력도 어쩔 수 없었다

대한민국 최초, 목사로서 국립대학 총장 1호

문선재 목사

문선재 목사는 군사정권 당시 강원대학교 교수에서 해직되자, 장로회신학대학원에서 신학을 전공하고 목회자가 된다. 그 후 목사로서 첫 국립대 총장으로 취임하여 화제가 되었다. 직선 2대 강원대학교 총장을 지내고 예일신학대학원대학교 총장을 역임했다.

세계성시화운동본부 명예 총재로 재임 중인 목사님은 기독교 연합회관에서 갖는 본부 월요 조찬기도회에서 "아모스 시대의 종교는 의식을 철저히 지켰다. 기득권자들은 매일매일 제사를 지냈다. 그들은 하나님이 형식과 의식을 빈틈없이 지키는 것을 만족해하시는 분이라고 생각했다. 그러나 아모스는 삶 속에서 정의를 실천하면서 의식을 지켜야 한다고 고집했다. '정의를 마르지 않는 강같이 하라'(아모스 5:24)라는 아모스 선지자의 외침을 기억하라"라고 거듭 강조하며 한국교회에 따끔한 충고를 던진 바 있다. 또한 성시화운동에 대해 "68억 인구 중에서 82%가 도시에 산다. 도시의 복음화가 이루어지지 않으면 세계 복음화는 불가능하다"라고 주장한다.

"최종 집계 결과 제5대 총장에는 문선재 입후보자입니다."

선거관리위원장의 공표에 여기저기에서 박수갈채와 함성이 울렸고, 팡파르가 터져 나왔다. 특종 중의 특종이었다. 다음 날 신문에는 '강원대학교 사상 처음으로 외지인 총장 당선'이라는 기사가 대서특필됐다.

그럴 만했다. 당시 강원도 출신이거나 서울대 졸업자가 아니면 넘볼 수 없는 국립 강원대학교 총장 자리에 연세대 출신이 당선되었으니 다들 놀랄 수밖에 없었다. 더구나 강원대학교 해직 교수에다가 목사 출신인 내가 강원대학교 총장에 당선되었다는 사실은 선거 역사상 가장 극적이었다. 당선자 발표를 들으며 뺨에서 눈물이 흘러내렸다.

나는 안다. 이 드라마를 쓴 분은 하나님이시고, 나는 그저 배역일 뿐이라는 사실을.

해직, 척박한 광야로 내쫓기다

각 대학교별로 있는 교수협의회 회장들은 신군부 정권의 제거 대상이었다. 전두환 군부는 정권 차지에 방해가 되는 민주 인물들을 제거하기 위한 작업을 진행했다. 그중 대학교수협의회 회장들은 그들의 성향과 상관없이 모두 제거 대상이었다. 강원대학교 교수협의회 회장이었던 나 역시 그들의 감시망에서 벗어날 수 없었다. 강원대학교에서는 나와 박판영 교수, 유병석 교수가 해직 대상이었다.

"교수님, 같이 가시죠."

갑자기 나타난 2명이 나를 붙잡았다. 끌려간 곳은 합수부 어느 사무실이었다. 순식간에 옷이 벗겨지고 군복이 입혀졌다.

"이제부터 존칭은 생략하겠다. 서로 좋자고 하는 일이니까 당신이 잘못한 것은 알아서 얘기하는 게 좋아."

그들이 무슨 말을 하는지 이해할 수 없었다. 나는 그들에게 내가 왜 여기에 끌려왔는지 모르겠다고, 아무것도 한 일이 없다고 거듭 말했다. 그러나 그들은 내 말은 무시한 채 갑자기 엎드려뻗치게 해 놓고 각목으로 때렸다. 일단 겁을 주고는 순순히 그들의 뜻에 따르게 하기 위한 것 같았다. 어이없는 일이었다.

시간이 흐를수록 그들에겐 이미 각본이 짜여 있다는 것을 알 수 있었다. 그들은 내게 뭘 알고자 한 것이 아니었다. 그들이 원한 것은 '네'라는 답변뿐이었다. 그들은 나를 김대중 내란음모 사건과 연관이 있다고 몰아붙였지만, 그것은 나에게 사표를 받아내기 위한 작전일 뿐이었다. 내가 데모를 선동했다는 것은 핑계였다. 진실이 아니라고 외친다 한들 들어줄 상대들이 아니었다. 자칫 잘못하면 고문으로 병신 될 공산이 컸다.

"당신들이 원하는 것을 알겠소. 당신들이 원하는 대로 할 테니 날 고문하지 마시오."

그들은 바라는 대로 일이 잘 풀렸다고 생각했는지 고문하기를 멈췄다. 재빨리 조서를 꾸미더니 내게 읽어보라고 건넸다. 나는 조서를 쳐다보지도 않고 이렇게 되물었다.

"읽어볼 필요가 없지 않소?"

그러고는 그대로 지장을 찍었다. 게다가 사표를 내겠다는 서약서도 작성했다.

고문은 피할 수 있었지만 해직됨에 따라 나는 2가지를 잃어야 했다. 하나는 직장이었고, 또 다른 하나는 성시화운동에 대한 비전이었다. 사실 나는 춘천과 강원대학교를 성시화운동의 본보기인 스위스의 제네바와 제네바 아카데미처럼 만들 생각으로 강원대 총장의 꿈을 가졌다. 강원대학교 총장이 되어, 강원 지역 중·고등학교까지 기독교적인 영향을 미치겠다는 포부를 가지고 있었던 것이다. 그러나 그런 꿈은 야속하게도 해직과 함께 무너졌다. 춘천에서 성시화운동을 일으켜 국내 최초로 1만 명의 집회를 주도한 나로서는 도움을 주기는커녕 기회마저 빼앗아 버린 하나님의 뜻을 이해할 수 없었다.

무엇보다 시급한 것은 먹고사는 문제였다. 해직된 후 나는 가택 연금 상태였다. 어디 취직할 수도 없는 상황이니 당장 가족의 생계가 막막했다. 더구나 '해직 교수'라는 타이틀 앞에 도움을 주는 사람은 아무도 없었다. 동료였던 강원대 교수들 중에 어느 누구 하나 나를 찾아오는 사람이 없었다. 우리 집 앞에는 항상 세 명의 감시자가 지키고 있었으니 그들로서도 집에 찾아오거나 도움을 주는 일이 쉽지 않았을 것이다.

차가운 바람이 살갗을 아리게 하는 겨울, 설상가상 그만 양식까지 뚝 떨어졌다.

"여보, 쌀이 떨어졌어요."

아내의 말에 순간 정신이 아득했다. 그런데 그뿐만이 아니었다. 군불을 땔 돈이 없어 난방을 할 수가 없었는데, 막 돌이 지난 막내딸이 차디찬 방을 돌아다니다가 동상에 걸린 것이다. 교수로서 사회적으로 존경받던 나는 졸지에 비참한 신세가 되고 말았다. 정말 이렇게 극한 상황에 처할 줄은 생각도 못했다. 나갈 수도 없고, 도움을 요청할 수도 없었다. 사람에게 도움을 받을 수 없으니 이제 남은 것은 하늘밖에 없었다.

나사로를 살리신 하나님이시라면 나를 살려 주시지 않겠는가 하는 막연한 기대로 하나님을 찾기 시작했다. 나는 동상 걸린 아이를 끌어안고 방에 처박혀 하늘만 보고 부르짖었다. 죽느냐 사느냐의 기로에서 나의 기도는 간단했지만 정말 처절했다.

"나사로를 살리신 하나님, 저에게 양식을 보내 주시고, 동상 걸린 막내딸을 고쳐 주십시오."

이 말만 끊임없이 되뇌며 기도했다. 먹을 양식이 없으니 자연스럽게 금식기도까지 한 셈이 되었다. 이틀이 지나고 정오쯤 되었을까. 한 번도 울리지 않던 전화벨 소리가 요란하게 울렸다. 해직 교수에게 전화를 한다는 것은 당시로써는 목숨을 내놓는 일과 다름없었다.

'누구지?'

의아한 마음으로 전화를 받으니 서울에 살고 있는 오랜 친구였다.

"오늘 저녁에 찾아가도 되겠나?"

다짜고짜 용건을 말했다.

"무슨 일인데?"

그는 무조건 찾아오겠다고 하고는 전화를 끊었다. 오랜 친구였지만 한동안 연락을 주고받지 않은 그였다. 친구가 온다니까 반가움보다 걱정이 앞섰다. 초췌해질 대로 초췌해진 내 모습이 가관일 게 뻔했다. 이런 모습을 친구에게 보이고 싶지 않았다. 뿐만 아니라 나로 인해 친구가 해코지를 당하지는 않을까 염려되었다. 내 염려 따위 알 리 없는 친구는 짐꾼과 함께 내 앞에 나타났다. 쌀 한 가마니를 진 짐꾼은 가쁜 숨을 몰아쉬고 있었다. 또한 친구의 손에는 다섯 근이나 되는 쇠고기가 들려 있었다.

"선재야, 미안하다. 네가 해직당한 줄 몰랐다. 얼마나 마음 고생이 심했냐."

친구의 말 한마디에 가슴이 뭉클해졌다. 왈칵 눈물이 솟더니 하염없이 흘러내렸다. 눈물 때문에 아무 말도 할 수 없었다. 고맙다고 해야 하는데, 정말 고맙다고 말해야 하는데…….

한참 후에 울음을 멈추었으나 결국 그 친구와는 몇 마디 말도 나누지 못했다. 늦은 시각이어서 서둘러 떠나는 친구에게 아무 말 없이 손을 흔드는 것으로 고마움을 대신했다. 친구가 떠난 후, 거실에 놓인 쌀 한 가마니를 보자 다시 가슴이 뭉클해졌다.

'아……기도에 응답하시는 하나님.'

이보다 더 확실한 기적의 체험이 어디 있겠는가. 심지어 하나님을 알지 못하는 친구를 통해 역사하신 하나님. 그 후로도 기적은 계속 되었다. 양식이 떨어질 만하면 누군가 보내 주는 일이 반복되었다. 그때부터 하나님의 살아 계심을 의심해 본 적이 없다. 막내딸의 동상이 씻은 듯이 나은 것은 두말없는 일이다.

광야에서 40년을 돌게 한 것처럼

'하나님이 계시는데 내가 무엇을 두려워할 것인가.'

하나님께서는 나 한 사람을 위로하며 회복시키기 위해 지속적인 기적을 주시는 것만 같았다. 기적이 거듭되면서 흔들림 없는 믿음을 얻자 해직이 장기화되어도 절망하거나 낙심하지 않았다.

마음이 차츰 회복되자 어떤 일에든지 도전하고 싶어졌다. 그렇다면 무엇을 할 것인가. 그때 마음에 감동을 준 성경구절이 있다.

> 아름다운 소식을 시온에 전하는 자여 너는 높은 산에 오르라 아름다운 소식을 예루살렘에 전하는 자여 너는 힘써 소리를 높이라 두려워하지 말고 소리를 높여 유다의 성읍들에게 이르기를 너희의 하나님을 보라 하라 _이사야 40장 9절

이 말씀을 묵상하며, 그동안 기적을 통해 체험한 하나님의 살아 계심을 전하고 고백하는 삶을 살아야겠다는 생각이 들었다. 그것이 장로회신학대학교 신학대학원에 입학하는 계기가 되었다. 신학대학원을 진학하여 목회자가 되고자 한 것은, 내가 만난 하나님을 청년들에게 전하고 싶어서였다.

학비 마련을 위해서 우선 과수원 땅을 처분했다. 해직 교수는 정부의 감시로 대학원 진학에 어려움이 있었으나 다행히 장신대 진학에는 별 무리가 없었다. 교계의 입김이 있는 곳이라 그 장벽을 넘을 수 있었다고 짐작한다.

그런데 하나님은 내게 또 한 번의 놀라운 일을 보여주셨다. 나는 해직되기 전 연세대학교에서 교육학 박사 과정을 밟고 있었고, 정부의 논문 승인 과정만 남아 있었다. 논문 심사에는 신원 조회가 필수여서 해직 교수는 심사 통과가 어려웠다.

연세대에서는 최종적으로 논문 통과를 앞두고 문교부에 신원 조회를 의뢰했는데, 다시 문교부에서는 관례대로 '문선재에 대해서 신원 조회를 해 보라'라는 통지를 파출소에 보냈다.

"교수님, 어디 외국 갈 일 있으세요?"

파출소장이 내게 전화로 물었다. 그는 해외 여행 여부를 확인하는 정도의 신원 조회로 안 듯했다.

"아니요. 그럴 일 없는데요."

"아, 그래요? 알겠습니다."

파출소장은 자신의 판단대로 '신원 조회상 이상 무'라고 상부에 보고 했다. 그 '이상 무'라는 보고 때문에 논문은 무사히 통과될 수 있었다.

감격의 학위 수여식 날. 수많은 사람이 모인 가운데 내 이름이 가장 먼저 불렸다.

"문. 선. 재."

단상에 올랐다. 총장과 대학원장이 내게 가운을 걸쳐주었다. 그리고 드디어 학위 수여증이 내 손에 주어졌다. 얼마나 기쁜지 당장에 하늘을 날아갈 듯한 기분이었다. 나는 가족들과 함께 그 기쁨을 한껏 누렸다.

다음 날, 안기부에서 전화가 왔다. 한 달에 한 번 점검하는 전화였다.

"문 교수님, 별일 없으시죠?"

의례적인 질문이었다. 순간 나는 그를 약 올리고 싶었다.

"별일이 있습니다."

"네? 무슨 별일입니까?"

"어제 박사학위를 땄습니다."

그러자 그는 몹시 당황하는 눈치였다. 있을 수 없는 일이 벌어진 것이다. 그는 박사학위를 언제 땄느냐, 논문 제목이 뭐냐, 언제부터 공부했느냐 등 집요하게 캐물었다. 그러나 버스 지나간 뒤 손 흔들기였다. 이미 학위 수여식이 끝난 후였다. 하나님이 하시는 일을 어찌 사람이 막을 수 있겠는가.

> 과연 태초로부터 나는 그이니 내 손에서 건질 자가 없도다 내가 행하리니 누가 막으리요 _이사야 43장 13절

후에 박사학위는 매우 큰 의미가 있었다. 강원대학교 총장 자격 조건이 '박사학위 소지자 이상'이어야 했기 때문이다. 그때부터 하나님은 나를 차근차근 준비시킨 것이다.

아무리 무소불능의 권력도 신학 공부를 막지 못했다. 덕분에 나는 기숙사에 들어앉아 신학 공부를 마음껏 할 수 있었다. 그리고 마침내 목사 자격을 얻었다.

신학대학원 졸업을 며칠 앞둔 어느 날, 뜻밖의 신문기사를 읽게 되었다. 해직 교수도 원대 복귀만 안 하면 다른 대학에 복직할 수 있다는 것이었다. 나는 과감하게 선배가 학장으로 있는 한남대에 교육학 교수로 지원했다. 해직 교수인 줄 몰랐던 선배는 나를 교수직에 앉혔다. 강원대학교 전직 교수에다가 박사학위까지 있으니 하자가 없었던 것이다.

교수로 복직한 지 한 학기도 채 지나지 않았을 즈음, 안기부에서 학장에게 압력을 넣기 시작했다. 왜 문선재 교수를 채용했느냐는 것이다.

"언제 해직 교수를 쓰지 말라고 했소? 무슨 잘못이 있단 말이오?"

학장은 안기부 발언에 당당히 맞섰다. 한동안 학장과 안기부 간에 실랑이가 벌어졌으나 학장이 이길 수는 없었다. 결국 선배는 백기를 들어야 했다.

"선재야, 미안하다. 안기부에서 자꾸 압력이 들어오는데 좀 곤란하다. 잠시 쉬고 있어. 복직시켜도 괜찮다고만 하면 가장 먼저 너를 복귀시키마."

결국 교수 자리에서 두 번이나 해직되고 말았다. 하지만 이번에는 하나님이 도우시리라는 믿음 덕분에 담담할 수 있었다. 오히려 나보다 나를 선배가 더 안타까워했다. 해직 기간은 그리 오래가지 않았다. 한 학기가 지나자 해직 교수에 대한 조치가 완화되었다며 학교 복귀가 허락되었다. 그렇게 해서 한남대 교수로 다시 강단에 설 수 있었다.

그런 일이 있은 후 얼마 지나지 않아 본교로부터 팩스가 왔다. 강원대학교로 복귀해도 괜찮다는 내용이었다. 그러나 나는 갈 마음도, 갈 수도 없었다. 당시 한남대는 합친 숭실대와 다시 분리하는 문제로 분규가 있던 시기였다. 한남대 학생들은 숭실대와의 분리를 지지하는 입장이었다. 그때 나는 교무처장이었다. 이 문제를 해결하지 않고 강원대로 돌아갈 수는 없었다.

다른 이유는 또 있었다. 강원대 교수들에게 섭섭했기 때문이다. 해직당하고 참담할 때에 아무도 나를 찾아 주는 사람이 없었다. 어찌 그럴 수 있단 말인가. 나의 강퍅한 마음을 자책하고 회개하기도 했지만 그들에게 돌아가고 싶지는 않았다.

결국 강원대 측의 제안을 거절했다. 그러자 당시 이상주 총장으로부터 직접 연락이 왔다. 한번 만나자는 거였다.

"문 교수님, 내 사정을 좀 봐주시오. 위에서는 해직 교수를 복귀시키라고 했는데, 세 분 모두 오지 않는다고 하니 내 입장이 매우 곤란해졌습니다. 박판영 교수와 유병석 교수는 너무 완강하시니, 문 교수님만이라도 복귀해 주세요."

총장이 직접 얘기하니 마음이 약해졌다.

"하지만 지금은 갈 수 없습니다. 교무처장으로서 학내 분규가 잘 정리되어야 합니다."

총장은 알겠다고 하면서 끝나는 대로 와 달라고 신신당부했다.

강원대학교로 복직된 날짜는 1985년 9월 1일이었다. 해직당한 후 5년 만이었다. 지금 생각해 보면 내가 하나님의 일을 하는 데 자격을 갖출 준비 기간이 필요했던 것 같다. 이스라엘 백성을 광야 길에서 40년이나 돌게 했던 것처럼.

5년 만에 돌아온 자리, 하나님이 서두르시다

강원대학교에 복직은 되었지만, 나를 대하는 교수들의 태도에는 변함이 없었다. 해직 때와 마찬가지로 냉랭했다. 군사정권 아래 나와 친분을 맺는 것이 쉽지 않은 줄은 알지만 그렇다고 해도 그들에겐 지나친 면이 있었다.

강원대 내에서 나는 '민주화 교수'라는 인식이 퍼져 있었다. 500여 명의 해직 교수들 중 복직한 교수는 나밖에 없었으니 그럴 만했다. 사실 나는 열렬한 민주화 투사가 아닌 단지 교수협의회 회장이었기 때문에 해직되었는데, 하나님은 그 5년의 세월 동안 사람들의 머릿속에 나를 그렇게 각인시켜 놓으셨다. 하나님이 하신 일은 그처럼 절묘했다.

어느덧 정부가 바뀌고, 대학 총장 선출에도 직선제 바람이 불었다. 강원대학교에서도 직선제로 총장을 선출했는데, 제1기 직선제 총장은 이춘근 교수였다. 그리고 제2기 직선제 총장 후보에 내 이름이 올랐다. 복직한 지 7년이 지난 해였다.

나의 지지자들은 민주화 운동의 기수였던 내가 총장이 되어야 정부에 목소리를 낼 수 있을 것이라고 기대했다. 성시화운동에 비전이 있던 나와는 전혀 다른 생각이었다. 게다가 총장 입후보 자격 조건에 박사학위 소지자와 추천인 20명 이상이어야 한다는 항목이 있었다. 박사학위를 갖추고 있던 터여서 추천인 20명이야 아무 일도 아니었다. 민주화 이미지를 굳힌 나로서는 어렵지 않았던 것이다. 총장 될 자격을 나보다 먼저 하나님이 닦아 놓은 셈이다.

하지만 당선 가능성은 누가 보아도 희박했다. 강원대 총장 출신들은 대개 강원 지역 출신이거나, 서울대 출신이었다. 제2기 직선제 강원대 총장 5명의 입후보자 중 나는 상대적으로 가능성이 낮은 편이었다. 누군가 형세 판단을 해 주는데 다음과 같았다. 후보자는 강원 지역 출신 2명, 서울대 1명, 연세대 1명, 고려대 1명인데, 현재 연세대 출신 교수는 24명 정도밖에 되지 않아 3등조차 불가능하다는 것이다. 하지만 나는 그런 말에 결코 낙심하지 않았다. '하나님이 하시겠다고 하면 500표도 얻을 수 있을 것이다'라고 믿었기 때문이다. 세상 사람들의 '불가능하다'라는 예측과는 달리 '될 것이다'라고 힘을 주시는 하나님의 메시지는 계속 내게 전달되고 있었다.

그 첫 번째 사인은 총장 후보자들에 대한 기호 추첨이 있는 날이었다. 나는 기호 추첨하는 데 학과장인 강 교수를 대리인으로 보냈다. 추첨을 하러 가기 전 학과장이 말했다.

"교수님 몇 번을 뽑아 올까요?"

"그게 마음대로 되는 것입니까?

웃으면서 되물었다.

"아니, 그러지 말고 말씀만 하십시오."

그가 다시 강하게 말하는 게 아닌가.

"재주가 있으면 1번을 뽑아 오십시오."

나는 그의 발랄한 질문에 기분이 좋아져 답변했다.

"알겠습니다."

자신 있게 답변한 학과장은 씩씩하게 걸어 나갔다. 그 순간 기드온이 하나님께 징표를 구한 장면이 생각났다.

> 기드온이 하나님께 여쭈되 주께서 이미 말씀하심 같이 내 손으로 이스라엘을 구원하시려거든 보소서 내가 양털 한 뭉치를 타작 마당에 두리니 만일 이슬이 양털에만 있고 주변 땅은 마르면 주께서 이미 말씀하심 같이 내 손으로 이스라엘을 구원하실 줄을 내가 알겠나이다 하였더니 _사사기 6장 36~37절

나 역시 기드온처럼 징표를 구해야겠다는 생각으로 그 자리에서 무릎을 꿇었다.

'하나님, 강 교수가 기호를 뽑으러 갑니다. 저에게 강원대 총장을 시키실 뜻이 있으시면 증거를 보여주십시오. 기호 1번을 뽑아 오면 하나님이 제게 총장을 시키신 줄 알고 담대하게 나가겠습니다.'

추첨이 끝날 시간이 되자 약간 긴장이 되었다. 그때 사무실의 전화벨이 울렸다. 수화기를 들자, 역시 예상대로였다. 학과장이었다.

"교수님, 1번을 뽑았습니다!"

놀라운 일이었다. '하나님이 나를 총장으로 세우시려나 보다'라고 직감하며 즉시 감사의 기도를 올렸다. 하나님의 메시지는 그것뿐만이 아니었다.

두 번째 사인은, 기호 추첨 후 후보자들의 소견 발표가 있는 날에 주어졌다. 본격적인 선거 운동에 앞서 전 교수들 앞에서 비전과 철학을 제시하는 시간이었다. 총장 후보의 이미지를 형성하는 데 매우 중요한 시간이었다. 소견 발표 순서는 기호와 무관하게 다시 추첨했다. 그런데 또 내가 첫 번째 발표자로 뽑혔다. 다른 후보자들은 나의 거듭된 1번 추첨에 의아할 뿐이었다.

세 번째 사인은 소견 발표에서였다. 그날 나의 장기는 유감없이 발휘되었다. 목회자로 훈련받은 내가 다른 후보자들보다 사람들 앞에서 유창하게 발표하는 건 당연한 일이었다. 원고도 보지 않았다. 평소에 가졌던 소견을 20분가량 열렬하게 토해냈다. 그동안 쌓인 한 때문인지 학교에 대한 문제점을 나만큼 적절하게 지적할 수 있는 사람은 없었다. 발표가 끝나자, 우레와 같은 박수가 터져 나왔다. 그날의 소견 발표로 부족한 지지 기반을 단숨에 만회할 수 있었다.

총장 선거 과정 중 잊지 못할 사건은 또 하나 있다. 선거 운동은 해야겠는데 어떻게 해야 좋을지 막연했다. 기도하는데 하나님은 계속 한 가지 메시지만 주셨다. 바로 여호수아 6장에서 이스라엘 백성이 여리고성을 7바퀴 돈 장면만을 보여주시는 것이었다. 도대체 이 메시지를 어떻게 적용할 것인가. 아, 그렇다. 교수실을 도는 거였다. 그때부터 교수실을 일일이 방문하여 나의 소견을 말하고 그들의 희망사항을 적었다. 교수들의 요구사항은 생각보다 많았으며, 그들은 내 얘기도 진지하게 들어주었다.

드디어 선거 당일이 되었다. 선거는 1차에서 2명, 2차에서 다시 1명을 떨어뜨린 후, 3차에서 최종 승부를 가르는 방식으로 총 3차에 걸쳐 진행되었다. 1차 무사통과, 2차에서 2등, 1위인 L교수와는 20여 표 차이였다.

지지자들은 흥분했다. 마침 2차 투표에서 탈락한 한 후보자가 사전에 약속한 대로 나를 지지하기로 결정했다. 마지막 결선 투표 때 그는 나에 대한 지지 발언을 하며 나를 도왔다. 그의 표가 나에게 몰릴 수밖에 없었다. 마침내 L교수보다 20여 표가 앞선 결과로 불가능할 것 같았던 강원대 총장에 역전승으로 당선되었다.

해직 교수, 비(非)강원 지역, 비서울대 출신, 게다가 목사 신분. 이런 내가 국립 강원대학교에 총장이 된 것이다.

하나님은 하나님의 준비된 시간표대로 당신의 뜻을 운행하시는 분이었다. 일찍이 성시화운동을 하면서 강원대 총장을 꿈꾸었으나 쉽게 허락하지 않으신 하나님, 처음에는 그런 하나님을 이해할 수 없었다. 어떻게 이해할 수 있으랴.

인간은 자신의 시련을 해석할 능력이 없다. 그대로 받아들이는 수밖에. 시련을 받아들일 때에야 하나님은 시련을 이길 수 있도록 도우셨다. 하나님은 내가 강원대 총장을 하려면 어떤 자격으로 어떤 방식이 가장 빠르고 올바른지 잘 알고 계셨던 것이다.

의대를 세우고, 사람들에게 신임을 받다

> 사무엘이 자라매 여호와께서 그와 함께 계셔서 그의 말이 하나도 땅에 떨어지지 않게 하시니 단에서부터 브엘세바까지의 온 이스라엘이 사무엘은 여호와의 선지자로 세우심을 입은 줄을 알았더라 _사무엘상 3장 19~20절

사무엘은 사람들에게 신임을 얻은 자였다. 하나님이 함께한 사무엘의 말에는 식언이 없었다. 그의 말대로 예언이 이뤄지자 차츰 사람들은 그가 하나님의 사람임을 인정했다. 하나님은 내가 총장이 되자 사무엘에게 하듯 내 말이 땅에 떨어지지 않게 도우셨다.

내 말의 가장 큰 핵심, 즉 선거 공약은 강원대학교에 의대를 설립하겠다는 것이었다. 그러나 나중에 알게 된 사실은, 의대 설립 문제는 교육부와 보건사회부, 경제기획원(모두 당시 기관명 사용)까지 얽혀 있는 아주 복잡한 사안이었다. 세 부서에서 동시에 허락받아야 하는데, 특히 보건사회부 뒤에 의사협회가 반대하고 있어서 강원대학교 의대 설립 문제는 난감한 일이었다.

이 문제로 재임 기간 내내 학생과 교수, 심지어 도민에게까지 시달림을 받고 있었다. 그들은 되지도 않은 일을 공약했다며 거짓말쟁이로 나를 몰아세웠다. 사활을 걸고 최선을 다했으나 별 진척이 없었다. 기도가 필요했다.

14대 대통령 선거를 앞둔 어느 날, 기회가 생겼다. 당선이 가장 유력

한 김영삼 대통령 후보에게 강원대학교 내 의대의 필요성을 전달하자는 생각이었다. 그가 강원도에서 유세하기 전날, 미리 연락을 취하고 그의 집을 방문했으나 비서는 면담 약속을 무시했다. 일개 대학 총장과의 약속은 언제든 취소될 수 있는 것이었다.

"오늘은 MBC에서 녹화가 있어서 안 되겠습니다."

그러나 물러설 수는 없었다. 오늘은 무슨 일이 있어도 꼭 만나야만 한다고 사정하며 버티자 곤란한 표정을 짓던 비서가 잠시만 기다리라며 들어갔다. 기다리는 시간이 막막했다. 오직 기도밖에 없었다. 나는 하나님께 간절히 기도했다.

'하나님, 오늘 꼭 김영삼 후보를 만나게 해 주십시오. 그의 마음을 돌려주십시오.'

잠시 후, 비서의 말은 극적인 반전이었다.

"후보님께서 식사를 같이 하자십니다."

기도의 힘을 실감하는 순간이었다. 하나님께서 나에게 특별한 기회를 주었다고 느꼈다.

"어떻게 왔는가?"

김영삼 후보가 물었다.

"길게 말씀드리기는 어렵고, 후보님이 대통령으로 당선되어야 하지 않겠습니까? 춘천에 내려오시면 강원대에 의과 대학을 만들겠다고 공약하십시오. 그러면 지금보다 30만 표가 더 나올 것입니다."

어이가 없는지 김영삼 후보는 나를 물끄러미 쳐다보았다. 나는 개의치 않고 서류 봉투를 들어 보이며 덧붙였다.

"그 이유를 써 왔습니다."

누런 서류 봉투 속에는 강원도민 8만 명의 서명과 '강원대학교에 의과 대학이 설립되어야 하는 이유'가 문서화되어 있었다. 다행히 다소 당돌한 내 제안에 김 후보의 반응은 호의적이었다. 다음 날 강원도 춘천 공설운동장에서 열린 김영삼 후보의 연설 때 이 공약이 거론되었으니 말이다. 서울에 있던 나는 비서에게 소식을 전해들을 수 있었다.

"김영삼 후보가 의과 대학 설립을 약속했습니다."

비서는 내 지시대로 연설을 녹음까지 해 놓았다. 비서에게 이렇게 말했다.

"이제 그것으로 됐다!"

김영삼 후보가 대통령으로 당선되자, 나는 전투적으로 의과 대학 설립을 추진했다. 보사부와 교육부, 경제기획원을 뛰어다니며 의과 대학 설립을 요구했다. 김영삼 대통령의 공약 내용이 생생하게 담긴 녹음테이프가 근거 자료가 되어 주었다.

마침내 강원대학교의 의과 대학 설립이 결정되는 순간이 찾아왔다. 그 소식을 이영덕 국무총리로부터 직접 전해들은 나로서는 남다른 감회가 밀려 왔다.

"강원대에 의대를 설립하는 것이 확정됐습니다. 교육부 장관이 결재 서류를 가지고 오는 대로 내가 결재하고, 곧 대통령께서 결재할 것입니다. 내일 오후 2시에 발표할 것입니다."

이 총리는 연세대학교에서 내 박사학위 논문 심사를 했던 인연이 있었다. 국무총리 신분으로 그가 강원도에서 열린 세계잼버리 대회와 관련하여 춘천을 방문했을 때, 나는 그에게 '강원대에 반드시 의대가 생겨야 한다'라는 점을 간곡히 강조했었다. 그는 그 사실을 잊어버리지 않았던 것이다. 또한 내가 의대 설립 문제로 어려움에 처한 사정도 알고 있는 듯했다. 내일이면 강원대 총장으로서 학생과 교수 앞에서 '의대 설립 지연'에 대해 해명해야 하는 입장이었기 때문이다.

하나님은 주의 종을 위해 모든 준비를 순조롭게 해 주셨다. 모든 사람이 들을 수 있게, 내 입으로 말할 필요도 없이 아예 정부에서 해명하게 해 준 셈이었다. 의대 문제로 나를 몰아세우려던 이들은 오히려 어찌할 바를 모르고 혼돈에 빠졌다.

그때부터 총장실에는 방문객으로 북적였다. 문제가 있는 사람들이 계속 찾아왔기 때문이다. 그들은 목사 총장은 어떤 문제이든 해결할 수 있다고 믿었다. 정말 성경 말씀대로였다. 사람들이 하나님이 함께하심을 보고 사무엘의 말을 신뢰했듯이, 사람들은 하나님이 함께하시는 내 모습을 보고 내 말과 행동을 믿기 시작했다. 그 후 하나님의 은혜 가운데 총장 4년 임기를 잘 마칠 수 있었다. 모든 것이 하나님의 은혜였다. 감사의 나날이었다.

> 네 하나님 여호와는 자비하신 하나님이심이라 그가 너를 버리지 아니하시며 너를 멸하지 아니하시며 네 조상들에게 맹세하신 언약을 잊지 아니하시리라 네가 있기 전 하나님이 사람을 세상에 창조하신 날부터 지금까지 지나간 날을 상고하여 보라 하늘 이 끝에서 저 끝까지 이런 큰 일이 있었느냐 이런 일을 들은

적이 있었느냐 _신명기 4장 31절~32절

  모세는 이스라엘 백성을 향해 피 토하는 심정으로 이와 같이 외쳤다. 모세가 이스라엘 백성에게만 외친 것은 아니다. 바로 나와 내 삶에도 그 외침이 그대로 전해졌다. 하나님이 나를 도우시고 버리지 아니하시며 멸하지 않으셨다. 하나님은 살아 계시며 역사하신다. 세상 천지에 이런 분은 없다.

패니 크로스비의 위대한 감사

한국인이 뽑은 가장 은혜로운 찬송가의 작사가!
미국인이 뽑은 대통령보다 더 존경하는 인물!

패니 크로스비(Fanny Jane Crosby, 1820-1915)는 미국 뉴욕에서 출생했다. 생후 6주 되던 해, 약사의 잘못된 처방으로 영원히 앞을 보지 못하고 말았다. 이러한 크로스비에게 하나님을 알게 한 분은 할머니였다.

그녀에게 두 번째 닥친 불행은 아버지의 죽음. 그녀 나이 12세 되던 때였다. 뉴욕의 맹인학교에 다니던 그녀에게 아버지의 죽음과 함께 생활의 궁핍은 모든 일을 힘들게 했다. 그러나 가시덤불에서 피어난 장미꽃처럼 시련과 역경, 그 깊은 곳에서 묻어나오는 그녀의 시(詩)들은 놀라웠다.

1847년 맹인학교의 교사가 된 그녀는, 11년간 학생들에게 영문법과 수사학, 로마어, 미국 역사 등을 가르쳤으며, 시인이며 복음찬송가수, 위대한 복음사역자로 활동했다. 놀라운 것은 그녀는 자신이 시각장애인이라는 사실을 불편하게 생각하지 않았다는 사실이다. 오히려 더욱 감사하게 받아들인다고 고백한 그녀였다.

"내가 어둠 속에서 살아야 한다는 것은 하나님의 찬양을 위함일 것입니다. 그것이 하나님의 뜻이라고 믿습니다. 만약 두 눈을 떴다면 내 어찌 그토록 많은 찬송시를 쓸 수 있겠습니까. 내 눈을 멀게 한 약사를 만난다면 감사하다고 전하고 싶습니다."

크로스비의 찬송시에는 하나님이 동행한 눈물 어린 감사의 고백이 담겨 있다. 우리 찬송가에도 '나의 갈 길 다 가도록', '예수를 나의 구주 삼고', '주의 음성을 내가 들으니', '인애하신 구세주여' 등 그녀의 24편의 찬송시가 실려 있다. 기네스북에 올라 있을 정도로 9,000여 편의 찬송시를 쓴 세계 최고의 찬송가 시인 패니 크로스비, 그녀의 위대한 감사에 감동한다.

_영혼의 찬양전도사 패니 크로스비 | 편집부 정리

02 하나님이 하시는 일이라면

깊은 영성의 설교자, 세미한 음성에 귀 기울이는

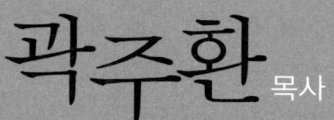

곽주환 목사

한국교회의 차세대 리더로 꼽히는 **곽주환** 목사는 깊은 지식과 영성을 통한 쉽고 명확한 설교로 이 시대를 살아가는 현대인들에게 나아갈 방향을 분명하게 제시해 주는 목회자로 정평이 나 있다. 평소 스탠리 존스 목사를 좋아해서 그가 쓴 『순례자의 노래』를 애독하며, 철저하게 하나님의 소명 아래 순종하고 하나님이 주신 내적인 음성에 깊이 귀 기울인 그를 닮기를 소망하고 있다. 또한 목사님은 『스티브 잡스 무한혁신의 비밀』과 같은 도서를 통해서도 자신의 영적 영역을 넓혀가는 데 노력하고 있다.

감리교신학대학교를 졸업하고, 미국 클레어몬트 대학원에서 목회학 석사, 박사과정을 이수한 후 보스턴 대학에서 수학했다. 미국연합감리교회 캘리포니아-태평양연회 목사 안수를 받고, 기독교대한감리회 베다니교회 담임, 감리교신학대학교대학원 겸임교수로 재직 중이다.

구로 시장 안에 있던 구로중앙교회가 이름을 베다니교회로 바꾸면서 현재의 자리로 이전한 지 어느덧 10년이 지났다. 당시 부지가 매매되지 않은 채 교회를 이전하는 일은 쉽지 않은 결정이었다. 부지가 빨리 팔리기를 바랐지만 뜻하지 않게 IMF 경제 위기와 맞물려 매입자를 만나는 일은 순탄치 않았다. 더구나 팔아야 할 부지는 시장 속에 있는데다가 교통도 불편한 위치였다.

당연히 교회는 재정적으로 큰 어려움을 안게 되었다. 그때 당시 빚이 120억 원이나 되었고 매주 지급해야 할 이자만 2천만 원이었다. 최종적으로 교회 이전을 결정한 담임 목사인 나로서는 몹시 부담스러운 상황이었다. 눈물로 기도하는데도 특별한 응답이나 대책이 나오지 않았다. 시간이 흐를수록 부지를 구입할 사람은 없을 것 같다는 생각만 들었다. 고심 끝에 가장 유력한 부지 구매자로 판단된 구로 구청을 설득하기로 했다. 하지만 구청의 사정도 좋지 않았다.

여기저기에서 매매에 관한 말이 오가기는 했으나, 번번이 좌절되기 일쑤였다. 적지 않은 빚은 사람을 옥죄기에 충분했다. 니느웨로 떠나라는 하나님의 말씀을 거부하고 다시스로 도망한 요나의 심정을 충분히 이해할 수 있었다. 빚쟁이가 되어버린 나는 하나님의 뜻이고 뭐고 요나처럼 다시스로 떠나고 싶었다.

> 구하라 그리하면 너희에게 주실 것이요 찾으라 그리하면 찾아 낼 것이요 문을 두드리라 그리하면 너희에게 열릴 것이니 _마태복음 7장 7절

그럴수록 말씀에 의지할 수밖에 없었다. 구하면 주실 것이라는 말씀을 믿고 지혜를 주실 때까지 집중하며 기도했다.

그러던 어느 날, 눈에 띈 하나의 현수막이 있었다. 강서 구청에서 주관하는 '강서 구민 5천 kg 빼기 운동'이라는 현수막이었다. 강서 구민 전체가 몸무게를 감량하여 건강하게 살자는 취지의 캠페인이었는데, 이것이 한 줄기 빛처럼 느껴졌다. 혹시 합심해서 몸무게를 감량하는 일처럼 하나님이 합심해서 기도하라고 하시는 것은 아닌가?

7만 기도 시간 모으기 운동, 그 응답의 전율

교역자들에게 내 아이디어를 제시하고 '7만 기도 시간 모으기 운동'

을 펼쳤다. 이 운동의 구체적인 내용은 전 교인이 교회를 위해서 기도하는 시간을 주일 헌금하듯 쌓아가자는 것이다. 금식기도 하면 1시간, 새벽기도 하면 1시간, 속회에서 교회를 위해 기도하면 속회 인원을 곱한 시간 등을 모아서 전 교인의 기도 시간을 현황판에 기록해 나갔다.

굳이 기도 시간을 7만 시간으로 정한 것은 성경에서 7이라는 숫자가 완전수를 의미하고, 7천 시간이나 70만 시간보다 7만 시간이 가장 적절하다고 보았기 때문이다. 이 시간을 계산해 보니 한 사람이 아무것도 안 하고 8년 동안 기도만 해야 하는 시간이었다.

그해 정월부터 시작한 기도 운동이 2월에 접어들었다. 어느 날 나는 기도 중에 강하게 밀려오는 감동을 느꼈는데, 부활절 이전에 7만 기도 시간이 모인다면 하나님이 우리의 기도에 응답하시리라는 믿음이었다.

기도하면서 가진 확신과 믿음을 성도들에게 선포하는 일은 매우 조심스러운 일이다. 사실 혼자 마음속에 묻어 두었다가 시간이 지난 후에 고백하는 것이 부담감이 적다. 혹시 응답이 아닐 수도 있으니 말이다. 하지만 나는 내 믿음을 선포하는 쪽을 택했다. 성령의 역사와 그것을 믿음대로 이루실 것을 전한다면 더 큰 감동을 성도들과 함께 누릴 수 있기 때문이다. 나는 주저하지 않았다. 성령께서 주신 감동을 그대로 예배 시간에 전했다.

"여러분이 교회를 위해 열심히 기도하는 것을 알고 있습니다. 제가 기도하는 중에 응답을 받았는데, 부활절 이전에 7만 기도 시간이 모인다면 하나님께서 우리의 기도에 응답하실 것입니다. 우리가 목표한 기도 시간을 합심하여 이루도록 합시다."

이 말이 선포되자, 교인들은 '아멘'으로 받아들였다.

솔직히 나는 이 말씀을 선포하기 직전에도 마음이 요동쳤다. 혹시 사람의 일이라서 이 일로 실족하는 일이 생기지는 않을까 하는 염려였다. 하지만 하나님이 주신 감동의 몫이 더 컸다. 그래서 하나님이 주신 메시지를 전하지 않으면 죄가 될 것 같았다.

마침내 종려 주일이 되자, 7만 기도 시간이 다 채워졌다. 부활절이 되기 전에 기도의 분량이 채워진 것이다. 교인들이 담임 목사의 메시지를 믿고 최선을 다해 기도한 덕분이었다.

이제 부활절까지 남은 시간은 일주일. 고난 주간이었던 그 일주일이 내게는 정말이지 말로 표현할 수 없는 고난의 주였다. 하나님이 확증을 주실 것이라 믿었지만, 한편으로는 의구심이 이는 것은 어쩔 수 없었다. 결국 기도하는 수밖에 없었다.

종려 주일이 지나고 하루하루가 지났지만 아무런 사건도 일어나지 않았다. 나는 오직 금식하며 하나님이 뜻대로 이루시기를 간절히 기도할 뿐이었다. 수요일, 목요일, 그리고 금요일. 드디어 기다리던 소식이 전해졌다. 구로 구청으로부터 연락이 온 것이다.

"목사님, 구청에서 부지를 매입하기로 결정했습니다."

할렐루야! 그 순간이 지금도 선명하다. 머리끝부터 발끝까지 감동이 밀려들었다. 이 소식을 교회 사무실에 전하자 모두 두 손 모으고 '할렐루야'를 외쳤다. 교역자들의 눈에 눈물이 흘렀다.

이럴 수가 있을까? 이런 드라마가 있을까? 하나님께서 내게 들려주신 그 음성 그대로 이루신 것이다. 내 머릿속에서는 온갖 상념들이 스쳐 지나갔다. 이것은 정말 하나님이 쓰신 기적의 드라마였다.

구로 구청과는 몇 번의 계약 시도가 있었지만 성사될 듯하다가 되지 않아 거의 포기하고 있었다. 그런데 모든 길이 막혔을 때 비로소 기도하는 방법밖에 없다는 사실을 깨닫고 합심해서 기도하니 이뤄진 것이다. 우리가 한 일이 아니라 하나님이 하셨다는 사실을 믿을 수밖에 없었다.

이 사건으로 인해서 나는 하나님이 일이 안 되게 하실 때는 기도하라는 하나님의 사인이라고 생각하게 되었다. 응답하시는 주님을 경험했으니 당연한 일 아닌가. 더구나 교인 전체가 합력하여 기도한 결과가 아닌가!

그날 여선교회 회장을 불러 쌀 12가마니로 떡을 만들어 자축연을 벌였다. 하지만 그 일이 전부가 아니었다. 하나님은 '기도하면 하나님이 역사하신다'라는 증거들을 또 보여주셨다.

하나님이 하시는 일이라는 고백이 저절로 나왔다

교회 이전에 따른 문제는 교회의 옛 부지를 파는 것으로 끝나지 않았다. 이번에는 교회 건물을 짓느라 또 120억 원의 빚을 지게 되었다. 그 빚을 해결하려면 여주에 있는 기도원을 매각하는 수밖에 없었다. 그런데 이번에도 역시 사겠다는 사람이 없었다.

성도들에게 다시 한 번 '7만 기도 시간 모으기'를 요청했다. 하지만 이번에는 '빚을 갚기 위한 기도원 매각 기도'가 아닌 '교회를 위한 기도'를 요청했다. 굳이 성도들에게 빚 갚는 기도를 함께하자고 하고 싶지는 않았기 때문이다.

이전의 경험으로 하나님이 하신다면 무슨 일이든 도우실 것이라는 기대와 믿음이 있었다. 하지만 마음 한구석에는 '과연 하나님이 이번에도 들어주실까?'라는 의구심이 슬며시 올라오고 있었다.

그러나 역시 하나님이셨다. 또다시 놀라운 일을 뚜렷하게 보여주셨다. 매매에 대해 문의하는 사람조차 없었는데 '7만 기도 시간 모으기' 중에 구매자가 나타났다.

그리고 손쉽게 계약이 성사되는 것이 아닌가. 계약 이후에 중도금을 받는 과정까지도 순조로웠다. 하나님의 기도 응답은 여기에서 멈추지 않았다.

교인들의 기도 시간이 늘어난 덕분에 이번 '7만 기도 시간 모으기'는 예상보다 훨씬 빨리 채워졌다. 잔금 치를 날짜가 2달이나 더 남은 시점이었다. 그런데 계약자로부터 뜻밖의 전화가 왔다.

"잔금 지불 날짜가 2달가량 남았지만 내일 잔금을 모두 치르고 싶습니다."

그 순간 나는 어안이 벙벙했다. 장로님들과 사무실 직원들은 놀란 눈으로 말했다.

"목사님, 어찌 이럴 수가 있어요? 정말 하나님은 살아 계세요!"

누가 뭐라 해도 우연이라고 할 수 없었다. 어떻게 7만 기도가 모이자마자 매매 금액이 모두 입금될 수 있는지. 모두의 입에서 '하나님이 하시는 일'이라는 고백이 저절로 나왔다.

> 사무엘이 이르되 온 이스라엘은 미스바로 모이라 내가 너희를 위하여 여호와께 기도하리라 하매 그들이 미스바에 모여 물을 길어 여호와 앞에 붓고 그 날 종일 금식하고 거기에서 이르되 우리가 여호와께 범죄하였나이다 하니라 사무엘이 미스바에서 이스라엘 자손을 다스리니라 _사무엘상 7장 5절~6절

이스라엘 백성은 왜 나라가 어려울 때에 미스바에서 기도했을까. 하나님이 합심하여 기도하기를 원하셨기 때문이다. 합심하는 것! 하나님은 위기가 닥쳤을 때 하나 되어 기도함으로 하나님 안에서 '하나'임을 체험하게 하신 것이다.

나는 미스바에서 블레셋을 물리친 하나님의 역사를 보면서 살아 계신 하나님의 역사하시는 방법은 지금도 동일하다고 느꼈다.

그래서 금년 1월 1일부터 나라와 민족을 위해 '7만 기도 시간 모으기' 운동을 시작했다. 기도를 통해 하나님이 우리나라를 만져 주시기를 바라면서 말이다. 요즘 경제적으로나 사회적으로 닥친 어려움은 하나님께서 한국교회에 합심하여 기도하라고 보내는 사인이지 않을까.

범사에 감사한다는 것은 얼마나 어려운 일인가

목회자로서 빠지는 딜레마는 설교한 대로 살지 못한다는 점이다. 때로는 설교하면서도 확신이 없을 때가 있다. 언젠가 이런 고민을 한

목사님께 고백한 적이 있는데, 그분께서는 이렇게 말씀하셨다.

"믿어질 때까지 설교하는 거야."

이 한마디에 얼마나 깊은 깨달음이 있던지.

범사에 감사하는 일은 쉽지 않다. 범사에는 언제나 위기가 뒤따르고, 위기는 결코 요동하지 않을 것 같은 데도 자잘한 균열을 일으킨다. 그리고 그 위기는 나의 가장 약한 부분에서 찾아온다.

아브라함에게 가장 약한 부분은 이삭이었고, 그래서 그의 시험이 이삭을 통해서 왔듯이, 최근 나도 아들을 통해서 시험을 받았다. 범사에 감사한다는 것이 얼마나 어려운 일인지를 깨닫는 사례였다.

아들은 유년기부터 자동차를 무척 좋아했고, 그것이 공과대학에 지원하게 된 동기였다. 중학교 1학년 때 미국 유학길에 올라 어느덧 군대 갈 나이가 되었다. 우리 가족은 그 애가 카투사(KATUSA)로 군복무하기를 원했다.

카투사 입대 자격은 영어 성적이 기본이다. 미국에서 공부한 아들은 영어 시험은 별문제 없이 통과할 수 있었는데, 문제는 추첨이었다. 추첨은 전산에서 무작위로 이뤄지기 때문에 어떤 경우라도 조작될 수 없었다. 하나님께 내맡기는 수밖에.

6대 1의 경쟁률이었지만 100대 1이라고 해도 하나님이 하신다면 가능한 일이었다. "제비는 사람이 뽑으나 모든 일을 작정하기는 여호와께 있느니라"(잠언 16:33). 이러니 내가 할 일이 무엇이 있었겠는가. 오직 아들의 아버지로서 기도할 뿐이었다.

오랜 시간 미국 생활을 한 아들이 한국의 군대에 적응하기 힘들 것이라는 우려가 나를 절박하게 했다. 그만큼 내게 아들의 카투사 합격은 절대적이었다. 다윗이 며칠 동안 금식하며 하나님께 아들을 살려달라고 기도하는 모습, 그 애절한 부정이 시대를 넘어 공감되었다.

추첨 결과가 발표되는 날. 그런데 이런 일이 있을까. 합격자 명단에 아들의 이름이 없었다. 순간 하나님을 향한 서운함……. 내 문제라면 그렇게 서운했을까. 설교할 때마다 성도들에게 응답하시지 않는 문제에도 감사하라고 했지만, 내 아들의 문제이다 보니 이런저런 생각이 들면서 서운함을 감출 수 없었다.

'하나님이 안 계시나?'하는 의문과는 다른, 집 안에 사람이 있는데 아무도 대답하지 않을 때 느끼는 홀대받는 감정이었다. 하나님이 계시는데 응답이 없는 것이다.

"하나님, 어찌 응답이 없으신지요?"

이런 원망의 기도가 나왔다. 한 번 서운하니까 설교 준비도 안 되고 마음이 편치 않았다. 마치 부부 싸움을 한 후 화해하기까지 서로 답답한 심정이라고 할까? 하지만 이런 마음은 그리 오래가지 않았다. 기도 중에 이런 고백이 나왔다.

"하나님은 항상 우리에게 가장 좋은 길을 예비하시는 분입니다."

감사한 일이었다. 하나님이 우리에게 가장 좋은 길로 인도하신다는 신뢰와 확신이었다. 늘 성도들에게 전하던 말씀이 아니라 내 안에서 물밀듯 가득 차게 된 고백이었다. 하나님께 먼저 회개하며 감사기도를 드렸다.

그 일이 있은 지 얼마 지나지 않아 미국에 있는 아들의 얼굴에 여드름 같은 뾰루지가 울긋불긋 생겨났다. 약을 바르고 병원에 가도 회복할 기미를 보이지 않았다. 아내가 답답한 나머지 한의사인 성도에게 사정을 얘기하자 뜻밖의 명쾌한 처방이 내려졌다.

"군대에 가서 군대 밥 먹으면 다 나을 것입니다."

별일 아니라는 투였다. 그분의 말에 의하면 햄버거와 피자 등 패스트푸드를 즐겨 먹은 탓이라는 거였다. 아내는 서둘러 미국으로 가 아들과 함께 지내며 20여 일 동안 하루 세 끼를 꼬박 현미밥을 먹도록 했다. 그랬더니 거짓말처럼 얼굴이 깨끗하게 되었다.

만약 아들이 카투사에 입대해서 밥이 아닌 패스트푸드를 계속 먹었다면 어땠을까? 아마 아들의 얼굴은 여드름투성이가 되었을 것이다.

'하나님의 인도하심이라는 것이 이런 것이구나.'

아들의 뾰루지 사건은 사소해서 지나칠 수 있었지만, 하나님은 일상을 통해 하나님의 섭리를 깨닫게 하셨다. 정작 중요한 것은 아들이 건강한 청년으로 살아가는 것인데, 나는 그것을 간과했던 셈이다. 하나님은 그것을 깨닫게 해 주셨고 카투사 입대보다 더 시급한 문제부터 해결해 주셨던 것이다.

하나님께 맡기면 되는 것을……. 당장 원하는 대로 되지 않아서 마음이 불편해도, 시간이 지나면 가장 좋은 방법으로 응답해 주신다는 사실! 평소 설교하면서 "하나님에 대한 신뢰를 잊어버려서는 안 됩니다"라고 선포했던 말들을 나는 그대로 체험하게 되었다.

하나님께서는 아들이 있어야 할 자리에 아들을 세우실 것이다. 전방이든 후방이든 아들 생애에 가장 필요한 곳, 그리고 가장 적절한 훈련을 받을 수 있는 곳에 보내 주시리라. 염려로 가득 찼던 내 마음이 평안해졌다. 이제 하나님이 어떻게 하실지 기대로만 가득하다.

하나님이 임재하시는 체험, 그 놀라운 감사와 감동

목사이기에 하나님을 만나는 특별한 체험을 자주 한다. 하나님과의 잦은 만남은 그만큼 목자로서 양(¥)들을 인도하는 책임이 막중하다는 것을 뜻하리라. 이 소명으로 말미암아 어려움이 많지만 기쁨과 감사가 더 큰 것이 사실이다.

내가 목회자가 아니었다면 어떻게 다양한 하나님의 임재 체험을 할 수 있었겠는가. 세상살이에 분주한 나머지 기도 시간이 턱없이 부족하고, 동료와 이웃과의 교제에 힘쓰다 하나님과의 교제에 게을렀을지도 모른다.

그러기에 목회자의 범사는 평신도의 범사와는 달라야 한다. 하나님의 사인, 윙크에 민감해야 하고, 그럴 때 눈물겨운 감사와 감동으로 목자의 길을 갈 수 있다.

한 번은 인도에 갔을 때 이런 일이 있었다. 우리 교회가 후원하는 선교사가 한 가지 요청을 해 왔다.

"목사님, 이곳 신학교에는 도서관이 없습니다. 베다니교회에서 지어 주실 수 있습니까?"

"돈이 얼마나 필요할까요?"

"한국 돈으로 1억 원 정도입니다."

우리 교회의 재정으로 1억 원의 후원금은 만만치 않은 일이었다. 그런데 그 순간 이런 생각이 떠올랐다.

'33명이 300만 원씩 헌금하면 1억 원이 되겠구나.'

그렇다면 도서관 건립을 후원할 33명이 필요했다. 하지만 선교사에게 이 생각을 말하지는 않았다. 목회자로서 그런 말을 함부로 할 수는 없었다. 사정이 여의치 않아 그 금액을 마련해 줄 수 없다면 그에게 더 큰 실망감을 안겨 줄 터였다. 내가 아무 대답을 하지 않으니까 선교사도 더 이상 말이 없었다.

다음 날, 선교사와 함께 기차를 탔을 때였다. 기차의 침대칸을 배정 받고 보니 깜짝 놀랐다. 침대칸 번호가 33번이었던 것이다. 하필이면 33번인가. 33명과 33번……. 이게 무슨 조짐인가 싶었다.

내 머릿속에서는 하나님의 사인이 스치듯 떠올랐다. 하지만 어떤 내색도 하지 않았다. 33이라는 숫자가 찜찜했지만 우연이라고 치부해 버렸다.

기차에서 내려 호텔에 갔다. 카운터에서 방 배정을 받고 번호 키를 받았다. 무심코 번호 키를 받아들었다가 또 놀라고 말았다. 방 번호가 33번이었던 것이다.

선교사에게 내 마음을 들키기라도 한 것일까. 내가 말한 적이 있었나? 나는 결코 그에게 아무 말도 한 적이 없었다. 33번이 또 한 번 보이자 혼란스러웠다. 이것은 결코 우연이 아니라고 결론을 내릴 수밖에 없었다. 스콰이어 러쉬넬이라는 작가가 『하나님이 당신에게 윙크

할 때』라는 책에서 지적한 것처럼 내 마음이 흔들릴 때 하나님이 우연처럼 보내신 사인이라는 확신이 들었다.

인도 선교 여행이 끝나고 한국으로 돌아온 후, 성도들에게 이러한 경험을 나누고 선포했다.

"우리가 힘을 모아서 도서관을 세웁시다."

말씀을 선포한 지 하루도 지나지 않아 33명이 넘는 후원자가 나타났다. 33이라는 수를 내 마음에 떠오르게 하고 연거푸 보여주신 것은 하나님의 윙크였던 것이다. 내가 좀 더 빠르게 눈치를 챘다면 한 번만 보여주셨을 텐데 내가 계속 무시를 하니까 두 번이나 사인을 보내셨던 게 분명하다.

하나님의 윙크를 뒤늦게 눈치 챈 나는, 인도 신학교의 도서관을 우리 교회를 통해 지으시려는 하나님의 뜻을 목격한 감격스러운 증인이 되었다. 그저 감사할 뿐이었다.

하나님의 윙크, 부지기수였다

목회자에게 가장 어려운 설교 중의 하나는 헌금, 특히 십일조에 관한 것이다. 잘못하다간 그야말로 '돈밖에 모르는 목사' 혹은 '교회가 돈만 밝힌다'라는 비난을 감수해야 한다. 그래서 될 수 있으면 이 설교는 피하고 싶지만, 십일조 설교를 안 할 수는 없다.

십일조는 우리가 하나님께로부터 복을 받는 비결임과 동시에 의무이며, 하나님 앞에서 내 삶을 주신 것에 대해 감사하다는 표현이고, 내 모든 것은 하나님의 것이라는 고백과 같다. 즉, 십일조는 감사의 신앙 고백이다.

그날도 십일조에 관한 설교를 준비하고 마지막 원고를 부목사에게 보냈다. 부목사에게 설교 원고를 주는 이유는 그 원고를 기초로 속회 공과를 만들기 때문이다. 설교 원고를 보내고 나면 설교를 놓고 기도하는데, 마침 그 시간에 인터폰이 울렸다. 모 권사님이 찾아오셨다는 거였다.

권사님 내외는 정부 보조금 50만 원으로 참 어렵게 사는 분이었기에 늘 내 기도 제목이었다.

"목사님, 만두를 빚어 왔어요."

권사님은 슬그머니 하얀 봉투를 내미셨다.

"만두를 손수 빚으셨군요. 맛있게 먹겠습니다."

하얀 봉투를 받아들었다. 권사님은 할 말이 있는 듯 나를 뻔히 쳐다보았다. 아니나 다를까 조금 망설이던 권사님이 말하기 시작했다.

"사실 고백할 게 있어서 왔어요."

무슨 일일까. 이 가정에 무슨 큰일이 생긴 것일까. 다소 걱정스러운 심정으로 권사님의 얘기에 귀 기울였다.

"목사님, 그동안 정부 보조금 50만 원으로 살기가 너무 어려워서 추운 겨울에도 불 한 번 안 땠어요. 그러다 보니 십일조를 한 번도 못 냈지요. 그런데 올해부터는 온전한 십일조를 드리겠다고 하나님께 약속했어요. 하나님과 약속만 해 놓고 못 지킬까 봐 목사님께 고백을 해야겠다는 생각을 했습니다."

권사님의 고백은 눈물겨웠다. 어려운 형편에도 십일조를 하겠다는 서약에 감동이 밀려왔다. 하지만 왜 하필 이 시간에? 십일조에 대한 설교 준비를 마치자마자 쉴 틈 없이 권사님의 십일조 서약이 이어진 것이다. 나는 권사님의 말씀을 들으면서 권사님이 하나님이 보내주신 사자라는 확신이 들었다. 십일조 설교에 대한 하나님의 윙크라는 생각과 함께.

> 여호와께서 마므레의 상수리나무들이 있는 곳에서 아브라함에게 나타나시니라 날이 뜨거울 때에 그가 장막 문에 앉아 있다가 눈을 들어 본즉 사람 셋이 맞은편에 서 있는지라 그가 그들을 보자 곧 장막 문에서 달려나가 영접하며 몸을 땅에 굽혀 이르되 내 주여 내가 주께 은혜를 입었사오면 원하건대 종을 떠나 지나가지 마시옵고 _창세기 18장 1절~3절

장막에 앉아 있다가 지나가는 세 사람이 하나님의 사자인 것을 깨닫는 아브라함의 영적 예민함을 목회자들도 갖고 있어야 한다.

목회자의 기쁨은 바로 이런 것에 있다. 하나님의 동행을 체험하는 경험들 말이다. 예수 믿는 사람들의 삶이 기쁜 이유는 돈이 많아서나 좋은 음식을 먹어서가 아니다. 우리가 갖는다면 얼마나 갖겠는가. 하나님의 임재를 몸으로 느끼고 감격하는 것이야말로 우리가 갖는 최고의 기쁨이 아니겠는가.

하나님의 임재를 체험하는 방법은 성령의 충만함에 젖어 기도하거나 베드로처럼 물 위를 걸어가는 경험과 같은 것에서도 있다. 하지만 하나님의 윙크가 내게 계속된다는 것을 삶의 현장에서 느끼는 것도 하나님의 임재를 체험하는 방법이다.

『하나님의 임재 연습』이라는 책에서 로렌스 형제는 "하나님과 대화하기 위한 가장 효과적인 방법은 단순히 자신의 평범한 일상사를 수행하는 것이다. 경건한 시간에 드리는 우리의 기도가 우리를 그분과 연합하게 한다면 평범한 일상 속에서 만나는 다른 활동들도 우리를 그분과 하나 되게 해야만 한다"라고 말하고 있다.

매일 하나님을 영적으로 깊이 느끼기 위해서는 영적으로 둔해지지 않아야 한다. 그래서 민감한 영적 상태를 갖는 것은 내가 늘 드리는 기도 중의 하나이다.

시각 장애인들은 손끝으로 점자를 만지기 때문에 손끝이 항상 부드러워야 한다. 그래서 그들은 손톱 가는 것을 늘 갖고 다니며 손끝이 굳지 않게 다듬는다. 나도 그들처럼 하나님을 향한 마음이 영적으로 둔해지지 않도록 늘 하나님 앞에서 '나는 죄인이로소이다. 나는 하나님의 은혜가 필요합니다'와 같은 깊은 자기 고백을 드린다. 이와 같은 자기 고백이 반복되어야 영적으로 둔감해지지 않기 때문이다.

감사에 대한 명언

- ◆ 감사를 통해 인간은 부자가 된다 −본 회퍼
- ◆ 감사에 인색하지 마라. 사람들의 마음은 무의식중 감사에 주려 있다 −브루스
- ◆ 사람이 얼마나 행복한지는 그 감사의 깊이에 달려 있다 −존 밀러
- ◆ 감사하는 자에게 하나님은 베푸시고 또 다른 속박을 풀어 주신다 −R 크릴리
- ◆ 감사는 하나님의 은총을 인식함으로부터 시작된다 −스트라잇
- ◆ 감사의 마음은 얼굴을 아름답게 만드는 훌륭한 끝손질이다 −T.파커
- ◆ 우리는 기도가 응답되기를 바라는 것처럼 열심히 감사해야 한다 −시몬즈
- ◆ 감사는 영적 건강의 좌표다 − 데메츠
- ◆ 감사하는 마음은 금방 낡아 버린다 −아리스토텔레스
- ◆ 세상에서 감사를 표하는 이의 행동보다 더 아름다운 것은 없을 것이다 −라 브뤼에르
- ◆ 감사하는 영을 개발하라. 그러면 그대는 영원한 잔치를 즐길 것이다 −맥더프
- ◆ 감사한 마음으로 받는 사람에겐 풍성한 수확이 뒤따른다 −W. 브레이크
- ◆ 하나님은 두 개의 거처가 있다. 하나는 천국이요, 하나는 사랑하고 감사하는 마음이다 −아이작 왈톤
- ◆ 촛불을 보고 감사하면 하나님은 전등을 주시고, 전등을 보고 감사하면 달빛을, 달빛을 보고 감사하면 햇빛을, 햇빛을 보고 감사하면 하나님은 밝은 천국을 주신다 −스펄전
- ◆ 감사는 결코 졸업이 없는 과정이다 −발레리 앤더스
- ◆ 시련이 아무리 크다 할지라도, 구원받은 모든 죄인들은 감사할 이유를 언제나 발견할 수 있다 −빌립 E. 하워드
- ◆ 그가 우리에게 어떤 것을 주시든지 간에 하나님께 감사하는 것은 마귀를 물리치는 확실한 방법이다 −스피로스 J.히아테스
- ◆ 베풂에는 세 종류가 있다. 아까워하며 베푸는 것, 의무적으로 베푸는 것, 감사함으로 베푸는 것이다 −로버트 N. 로덴 메이어

_출처: 다음카페 − 그리스도의 향기

03 날마다 나누게 하시니 이보다 더한 감사는 없다

1년에 1억을 나누는 작지만 큰 교회, 큰 목사님
호용한 목사

호용한 목사는 총신대학교 신학대학원을 졸업하고, 명지대학교 교목을 지냈다. 온누리교회 두란노서원이 만들어진 초창기에 월간 『생명의 삶』 편집장으로 일했으며, 『예수님이 좋아요』, 『목회와 신앙』 등을 진행했다. 독일한독교회, 수원남부교회를 거쳐 옥수중앙교회 담임 목사로 사역하고 있으며, 한영신학대학교에서 후학을 양성하는 데 힘쓰고 있다.

목사님은 전도를 위해 매주 신문을 만들고, 설교를 위해서 10시간 이상을 준비하는 열정 넘치는 분으로, 목회를 마치는 순간에는 목사다운 목사 즉, "참 목사님이 죽으셨다"라는 소리를 듣고 싶다고 밝혔다. 정말 성도를 사랑한 목사로 기억되기 위해 온 힘을 쏟을 것이라고 말한다.

초등학교 6학년 된 아들의 성적을 보자 충격에 휩싸였다.

'한국 초등학교 아이들 수준이 이 정도였나?'

한국의 교육 수준이 아무리 세계 최고라고 하지만, 독일에서 1등을 도맡던 녀석의 성적이 한국에서 최하위를 차지할 줄은 예상하지 못했다. 언어 장벽이 있다고 해도 아들에게서는 도무지 나올 수 없는 성적이었다.

독일에 있을 때, 아이들이 모국어를 잊어버릴까 봐 집에서 한국어를 사용했고 한자도 틈틈이 공부시켰지만, 한국에서 줄곧 성장한 아이들의 어휘 활용 수준을 뒤따라갈 수는 없었다. 예를 들어 '다음 중 비행청소년은?'이라는 질문에서 '비행청소년'을 '비행기 타는 청소년'으로, '고지식'을 '높은(高) 지식'으로 이해했으니, 성적이 낮은 건 당연했다.

어렸을 때부터 가난하게 자라 유학은 꿈꿀 수 없는 형편이었지만 나는 언제나 유학을 꿈꾸었고, 기회가 있으면 꼭 가리라고 다짐했었다.

그런데 어떤 분이 한독교회에서 시무해보지 않겠느냐고 제안했다. 나는 흔쾌히 'YES!'라고 대답하고 독일로 갔다. 그러나 유학은 꿈에 그치고 말았다. 목회 일에 바빠서 공부할 수 없을뿐더러, 자유 신학의 본산지인 독일 신학은 한국에서는 경계 대상이었다. 독일 신학대학에서 딴 학위는 한국 목회 현장에서는 부음 선고나 마찬가지였다. 독일에 갔다 왔다는 이유만으로도 목회 현장에서 새로운 시도를 하려고 하면 자유 신학을 배워서 그런다고 수군거리는 일이 잦았다.

어찌 되었든 독일 생활을 끝내고 한국으로 돌아온 후, 큰 아이의 성적표는 충격 그 자체였다.

아들이 서울대에 다니는 아버지 목사

큰아들과 막내딸은 독일에서 초등학교를 다니다 한국으로 돌아왔다. 언어의 장벽은 생각했던 것보다 훨씬 높았다. 아이들은 한국에 쉽게 적응하지 못했다. 아들은 중학생이 되어서도 전교 석차가 400명 중에서 280등이었다. 그나마 등수가 조금 오른 것이 위안이라면 위안이었다. 과외를 시킬까도 생각해 보았지만 경제적 형편상 시킬 수도 없고, 조금씩 성적이 오르니 더 기다려 보기로 했다.

다행히 아들의 성적이 오르기 시작했다. 중학교 2학년 2학기에는 반에서 3등을 하더니 졸업할 무렵에는 전교에서 10등 안에 들었다. 너무나 감사한 일이었다. 그런데 뜻하지 않은 일이 생겼다. 아들의 성적이

오르자 학교에서는 아들에게 관심을 보였고, '관리' 대상에 포함시켰다. 강 건너편으로 위장 전입하지 않겠느냐는 제안까지 해 왔다. 강 건너편은 우리나라 제1의 학군인 강남이었는데, 아들을 좋은 고등학교에 진학시키려는 것이었다.

동호대교를 사이에 두고 강남구 압구정동과 갈라진 옥수동을 아시는지. 강남이 부자 동네의 상징이라면, 옥수동은 가난한 동네였다. 옥수동 주민은 강남과 압구정에서 일용직 근로자로 근근이 살아가는 사람들이 많았다.

이 동네에서는 청년과 병원, 노래방을 보기가 어려웠다. 젊은이가 적은 것은 집값이 비싸기 때문이고, 다리 하나 건너면 압구정동인 탓에 병원을 가도, 놀아도 다리를 건너갔기 때문이다.

압구정에는 현대고등학교, 압구정고등학교 등 소위 잘나간다는 학교가 있지만 옥수동은 학군도 변변치 않았다. 그러니 옥수동의 공부 잘하는 아이들은 위장 전입해서라도 좋은 학교로 진학하려는 게 일반적이었다.

위장 전입이란 거주지를 옮기지 않고 주민등록상 주소만 옮기는 것을 말한다. 이는 명백히 주민등록법 위반으로 범죄에 해당하지만, 사람들은 '신호 위반'이나 '사문화된 법'으로 취급했다.

아들에게 위장 전입을 권장한 또 다른 이유는, 우리 집에서 압구정에 있는 고등학교에 다니기가 교통이 훨씬 편했기 때문이다. 동호대교만 건너면 되는, 전철로 두 정거장 거리였다. 목사인 나에게도, 그리고 아들에게도 위장 전입 제안은 달콤한 유혹이었다.

그러나 위장 전입의 유혹에 흔들릴 수는 없었다. 목사의 양심으로, 그리고 하나님의 법을 지키는 사람으로서 세상의 하찮은 법이라도 어겨서는 안 되었기 때문이다. 이런 원칙 없이 어떻게 바른 설교를 할 수 있을까?

"걱정하지 마. 하나님은 더 좋은 길로 인도해 주실 거야."

아들에게 큰소리쳤다. 공부에 욕심이 있던 아들은 못내 불만이었지만, '하나님이 우리를 도우실 것'이라는 내 말에 용케 참는 듯했다. 그저 옥수동에서 내로라하는 오산고등학교에 입학하기를 기대할 뿐이었다. 사실 우리가 거주하는 아파트 대부분의 학생이 이 학교에 배정되어 왔다. 그러니 걱정할 리 없었다.

그러나 고등학교 배정 추첨 날, 나의 기대는 한순간에 무너졌다. 학교에서 돌아온 아들은 울고불고 야단이었다. 같은 아파트에 사는 아이들은 거의 오산고등학교에 배정됐는데 아들만 가장 원치 않았던 S고등학교에 배정된 것이다.

순간 나 역시 하나님께 불만을 털어놓았다. 아들에게 하나님이 더 좋은 길을 열어 주실 것이니 믿어보라고 말한 내 체면이 말이 아니었다. '위장 전입을 할 걸 그랬나 보다'라는 생각이 순간적으로 들었다. 하지만 이미 엎질러진 물인데 그 상황을 긍정하고 받아들여만 했다. 하나님의 뜻을 믿고 기다리는 수밖에.

그러나 아들은 그렇지 못했다. 예비 소집으로 S고등학교에 다녀오고 나서는 더욱 황당해했다. 아들은 학교 시설도 성에 차지 않아 했다.

"아빠가 내 인생을 망쳤어요. 위장 전입이 뭐 어때서 그래요. 남들도

다 하는 건데. 이제 어떻게 해요!"

아들은 나를 원망했다. 아들의 마음을 달래 주었지만 소용없었다. 자칫 아들이 하나님과 멀어지는 계기가 될 것만 같았다. 난감한 상황이었다.

그런데 마침 당시 국무총리의 불법 위장 전입 문제가 사회적인 이슈였고, 그 파장은 매우 컸다. 우연히 아들과 함께 TV에서 국무총리의 위장 전입에 관한 국회 청문회를 보게 되었다. 불현듯 아들에게 할 말이 떠올랐다.

"이거 봐라. 네가 만약 위장 전입을 했다면 높은 사람은 못 되는 거다. 이번에 위장 전입하지 않은 거, 나중엔 감사하게 될 거야. 지금 S고에서 공부하게 하시는 것은 요셉처럼 너를 특별히 사용하기 위함인지도 모르지 않냐?"

그러자 아들의 마음이 움직였다. 법과 원칙을 지킨다는 것이 얼마나 중요한지 뉴스를 통해 현장 체험한 셈이다. 그 후 아들은 더는 볼멘소리를 하지 않았다.

아들이 고등학교에 입학한 후에야 하나님의 예비하심을 깨달을 수 있었는데, 입학하자마자 치른 반배치 시험에서 반에서 20등을 한 아들은, 첫 중간고사에서 평균 98점으로 전교 1등을 차지했다. 그 후 졸업할 때까지 전교 1등을 놓치지 않고 내신 1등급을 유지할 수 있었다. 뛰어난 아이들이 많은 강남의 다른 학교에 갔다면 내신 1등급을 꾸준히 유지하기가 어려웠을지도 모른다.

대학 수시를 지원할 때에야 아들을 S고등학교에 입학시킨 하나님의 놀라운 계획을 확증할 수 있었다. 서울대학교 입학에는 '지역균형'이라는 전형이 있는데, 이 전형은 학생들이 특정 지역에서만 뽑히는 일을 막기 위해 다른 지역 학생들에게 입학 기회를 주는 전형이었다. 그러니 S고에서 공부한 것이 얼마나 감사한 일인가.

아내는 선생님과 상담 후, 서울대 경영학과에 주저 없이 입학 원서를 넣었다.

"여보, 너무 무리한 거 아냐? 서울대 경영학과라면 쉽지 않을 텐데……."

"걱정하지 말아요. 우리 아이 성적으로는 충분해요."

아내는 아들의 서울대 합격을 자신했다. 서울대 경영학과는 '지역균형' 전형에 학교장 추천으로 모두 30명을 모집했고, 아내의 말대로 우리 아들은 당당히 합격했다. 정말 감격스러웠다. 그 기쁨은 이루 말할 수 없었다.

더구나 S고등학교 설립 23년 만에 처음 있는 경사였다. 서울대 합격으로도 대단한데 인문계 최고 학부라는 경영학과에 합격했다고 하니 학교와 주변에서는 난리가 났다. 지금도 이 동네에서는 나를 '아들이 서울대 다니는 아버지 목사'라고 부르기도 한다.

그리고 시간이 흘러 막내딸이 숙명여대에 입학하게 되었다. 자녀 두 명이 서울에서 알 만한 대학에 다니니 사람들은 부러워한다. 유난스러운 사교육을 한 적이 없으니 더욱 그럴 것이다. 나는 이 사례가 하나님 앞에 순종하면 축복받는다는 상징이 되었으면 한다.

무엇보다도 하나님께서는 신앙이 바른 이를 돕는다는 사실을 아들이 체험하게 되어 가장 감사하다. 당장 원하는 것을 이룰 수 없을 것 같아 두렵고 원망스럽고 속상할 때에도, 하나님의 뜻이 무엇인지 아는 것을 우선순위에 두기를 기대한다.

> 행위가 온전하여 여호와의 율법을 따라 행하는 자들은 복이 있음이여 여호와의 증거들을 지키고 전심으로 여호와를 구하는 자는 복이 있도다 참으로 그들은 불의를 행하지 아니하고 주의 도를 행하는도다 주께서 명령하사 주의 법도를 잘 지키게 하셨나이다 내 길을 굳게 정하사 주의 율례를 지키게 하소서 내가 주의 모든 계명에 주의할 때에는 부끄럽지 아니하리이다 내가 주의 의로운 판단을 배울 때에는 정직한 마음으로 주께 감사하리이다 내가 주의 율례들을 지키오리니 나를 아주 버리지 마옵소서 청년이 무엇으로 그의 행실을 깨끗하게 하리이까 주의 말씀만 지킬 따름이니이다 _시편 119편 1절~9절

옥수중앙교회, 가난한 교회에 끼친 하나님의 은혜

독일에서 한국으로 오자마자 부임한 수원남부교회는 내분으로 70여 명의 교인만 남아 있는 교회였다. 2년 8개월 동안 그 분란을 수습하는 데 얼마나 많은 기도가 필요했는지 모른다.

분란의 양상이 어느 정도였느냐 하면, 한 장로가 대예배 시간에 대표

기도하고 있으면 반대파들이 올라와 집기를 마구 두드리며 고함쳤다.

"당신이 왜 여기에 있어! 내려가. 내려가란 말이야."

이는 아무것도 아니었다. 한 번은 옥상에 올라갔더니 떨어진 문짝이 있어 의아한 마음에 물었다.

"이 문짝이 왜 여기에 있나요?"

"예배 시간에 몇몇 교인이 다투다가 발로 차서 부서진 것입니다."

세상에! 그뿐이 아니었다. 다른 교회로 옮긴 성도의 아들 결혼식에 참석한 적이 있었다. 목사 된 자로서 초대받은 자리를 모른 척하는 것은 예의가 아니지 않은가. 이를 알게 된 장로들의 비난이 시작되었다. 새벽예배 때 강대상 십자가를 향해 기도하는 내 뒤편에서 이렇게 통성 기도하는 장로님도 있었다.

"하나님, 담임 목사는 사기꾼 목사이니 이 교회에서 나가게 해 주십시오."

지독한 영적 전쟁이었다. 이제는 지난 일이지만, 당시 분열된 교회의 모습에 마음이 너무 아팠다. 그런 시간이 지나고 차츰 교회가 부흥하자, 비로소 지난날이 연단의 시간이었음을 깨닫고 감사하게 되었지만 말이다.

그 후, 지금의 옥수중앙교회에 부임하게 되었다. 이전과 같은 특별한 어려움은 없지만 교회의 재정 상태가 좋지 않았다. 예상보다 훨씬 빈곤한 동네였고, 가난한 교인들이었다. 사택은 고사하고 150여 명의 교인에 10억 원이라는 빚이 있었다. 이러한 어려움 탓인지 교인들이 점점 줄어들고 있었다.

이 교회를 어떻게 부흥시킬 것인가? 어떤 방향으로 목회할 것인가? 번민하는 날이 늘어갔다.

교회에 온 지 3개월째 되던 무렵이었다. 교회 권사님의 팔순 잔치에 초대받았다. 신라호텔에서 치러진 팔순 잔치가 끝나고 나오는데 권사님의 장남이 흰 봉투를 내밀었다.

"목사님, 어머님께 얘기 많이 들었습니다. 독일에 있으셨다고요. 목회하시느라 힘드실 텐데, 한국에서 정착하시는 데 도움이 되길 바랍니다."

그분의 자녀는 교회에 다니지는 않았지만 기업을 일으켜 성공한 사람이었다. 봉투의 금액을 확인하자 깜짝 놀랄 만한 금액이 있었다. 무려 2천만 원이었다. 내 생전에 이렇게 큰 금액을 받은 것은 난생 처음이었다.

가슴이 두근거렸다. 아무리 정착하는 데 쓰라고 내게 준 돈이지만 이렇게 큰 금액일 줄은 몰랐다. 너무 큰돈이다 보니 함부로 사용해서는 안 될 것 같았다.

나는 아내와 함께 이 돈을 어떻게 사용할지를 놓고 밤새도록 기도했다. 그리고 우리 가족만 편안해지기 위해 이 돈을 쓸 수는 없다고 결정했다.

이날이 목요일이었는데, 주일날 당회를 통해 2천만 원의 출처를 밝히고 장학 기금으로 쓰기를 제안했다. 이것이 지금의 내 목회 방향의 시작이었다.

장로님들은 매우 감동한 듯했다. 사택도 변변치 않은 목사가 개인적으로 사용하라고 받은 헌금을 교회에 내놓았으니 말이다. 하지만 2천만 원은 개인에게는 큰돈이나, 장학 기금으로는 그다지 큰돈이 아니었다. 그런데 하나님의 뜻에 합당한 일이어서 그랬는지 헌금을 더 모을 기회와 지혜를 주셨다.

가정 심방을 하는데, 무슨 연유에서인지 헌금이 들어오기 시작했다. 생활이 어려운 성도들도 내게 책을 사보라며 헌금했다. 교인들은 새로 오신 목사님을 위해 정성을 모으는 일에 주저하지 않았다. 150가정밖에 되지 않은 성도들에게서 나온 돈이 무려 1,300만 원이었다. 나는 그것도 남김 없이 장학 기금으로 내놓았다.

이러한 일은 나와 성도들을 감동하게 했다. 그래서 이 감동이 사그라지기 전에 교인들에게 또 다른 작정 헌금을 권면했다. 장학 기금 명목으로 1만 원을 1구좌로 해서 헌금을 모으기 시작한 것이다. 그렇게 해서 다시 모은 돈이 350만 원.

어떤 할머니는 자녀가 준 용돈 10만 원에서 떼어 구좌를 만들었다. 10만 원으로 한 달을 살아간다는 것이 가능키나 한 일인가. 그런데 그분은 십일조도 떼고 장학 기금을 위해 헌금도 한 것이다.

나는 그들의 사정을 잘 알기에 구좌 하나하나 보면서 가슴이 미어졌다. 그렇게 가난한 이들을 사용하시어 돕는 일을 하게 하신 하나님께 감사드렸다. 그렇게 해서 모인 돈이 총 3,650만 원이었다.

이 기금으로 어려운 분들에게 쌀을 나눠 주거나, 결식 아동을 선정해 매월 급식비를 지원했다. 고등학생과 대학생에게 장학금도 전달했다. 또 사랑의 우유 나누기라고 해서 매일 아침 신선한 우유를 독거노인들에게 나눠 주었다. 독거노인이 주 대상이었던 이유는 매일 아침 우유를 돌리며 노인들을 방문함으로써 노인의 건강상태를 파악할 수 있었기 때문이다. 이로 인해 노인이 홀로 죽어 며칠 동안 방치되는 사례가 줄어들게 되었으니 일석이조였다.

까만 비닐봉지에 가득 담긴 털모자

우유 나누기 사업을 하던 중 잊지 못할 에피소드가 있다.

작년 12월, 한 할머니가 양손에 큰 비닐봉지 2개를 들고 교회를 찾았다. 그런데 교역자 중 아무도 할머니를 아는 사람이 없었다. 우리 교회 교인이 아니었던 것이다.

"할머니, 어떻게 오셨어요?"

"내가 이 방울 모자를 가지고 왔는데 도움이 될지 모르겠어."

"예? 이것을 왜 저희에게 주세요?"

"교회가 고마워서 그래. 나 같은 사람에게 꼬박꼬박 우유를 넣어 주니 얼마나 고마운지. 내가 가만히 있을 수가 있어야지."

할머니 손에 들린 까만 비닐봉지 안에는 털실로 짠 방울 모자가 가득 들어 있었다. 76세인 할머니는 홀로 20년 동안 단칸방에서 지내시며 근근이 살아가고 있었다. 이분의 수고에 얼마나 감동이 되던지.

주일, 나는 설교 도중 털모자를 가져오신 할머니 이야기를 전했다. 그리고 털모자로 교인들과 참사랑의 기쁨을 함께 나누었다. 그런데 마침 그날 예배에 구청장이 참석했고, 구청장은 과장에게 구청 신문에 할머니의 얘기를 기사화하기를 권했다. 그러고 나서 이 소식이 어느 한 일간지에도 전해져 세상에 널리 퍼지게 되었다.

나누고 돕는 일은 돈으로만 하는 것이 아니다. 우리 교인들의 30%가 중졸이고, 55세 이상은 대학 졸업자가 없다. 또한 교인의 30%가 120만 원 이하의 월수입으로 살아간다. 하지만 어렵게 살아가는 사람들일수록 이웃 간의 정이 애틋하다.

사실 나는 이 동네에 처음 왔을 때, 여기 환경에 잘 적응하지 못했다. 교인의 집을 심방할 때마다 당황한 적이 한두 번이 아니었다. 가장 힘든 것은 악취. 지금은 많이 개선되었지만, 방에 들어가면 얼마나 냄새가 나는지 숨이 멎을 지경이었다. 곰팡이와 음식 냄새가 진동했다. 환기가 안 되는 습한 방이기에 그랬을 것이다. 하지만 그들과 마음을 나누기 위해 무던히 애를 썼다. 그런 마음과 노력이 통해서일까? 이제는 나를 위해 이렇게 기도하는 교인들의 소리를 듣는다.

"하나님, 우리 교인들이 목사님을 더 사랑하게 해 주세요."

서로 나누고 교제하는 성도들이 있으니 이곳이 바로 천국이 아니겠는가.

드리는 복을 주시니 감사할 뿐

나 역시 재정적으로 어려움이 없는 교회에 왜 가고 싶지 않았겠는

가. 하필 빚이 많은 교회에 오게 되었으니. 그러나 이 또한 하나님의 치밀한 계획에서 비롯된 것이 아닐까. 모세의 말대로 '보낼 만한 사람을 보낸 것'(출애굽기 4:13)이니, 모든 것에 감사할 뿐이다.

그렇다면 내가 과연 보낼 만한 사람인가? 나 역시 가난한 유년을 보낸 사람이니 '가난에 익숙한' 내가 이곳에 보내지는 것은 당연한 일일지도 모른다.

우리 집은 너무 가난해서 장로인 아버지는 교회에 작정 헌금을 해야 할 때마다 늘 고민하셨다. 북에서 피난 와 연줄도 없는 분이 할 수 있는 것이라고는 막노동밖에 없었고, 우리 가정은 언제나 생활에 쪼들렸다. 그러나 그런 가난을 겪었기에 이웃을 이해하고 이웃과 나누는 일에 자연히 관심을 갖게 된 것 같다.

그야말로 찢어지게 가난한 탓에 대학을 포기한 나는 숟가락 하나 덜겠다는 심정으로 고등학교 졸업 후 바로 군대에 갔다. 제대 후 공무원 시험에 합격해 공무원이 되었으나 고졸 출신의 공무원, 그 미래는 뻔했다. 이미 내 미래는 더는 성장하지 못하고 멈춰야 할 지점에 다다른 것 같았다.

그런데 그때 섬기던 교회의 한 집사님이 내게 대학교 학비를 대주시겠다며 대학 입학을 권유하셨다. 공부하지 못한 자신의 한 때문이었다. 그분은 H 기업에서 근무하셨는데, 대학 졸업자가 아니라는 이유로 과장 이상의 승진을 기대하기가 어려웠다. 그분이 학자금을 대주신 덕분에 나는 총신대학교에 입학할 수 있었다. 그분이 목회자의 길을 걸을 수 있는 밑거름이 되어 주신 것이다.

> • 기도는 마음의 욕구를 세상적인 생각으로부터 멀리함으로써 그것을 하나님께로 올라가게 하는 것이다.
> _월터 힐튼Walter Hilton
>
> • 기도란 사랑의 사다리를 타고 하늘로 올라가는 것이다.
> _루이스브뢰크Ruysbroeck
>
> • 기도는 우리의 영혼이 시간의 허망함에서 벗어나 영원의 부요함으로 올라가는 것이다.
> _윌리엄 로William Law

대학 입학 후에는 가정교사를 하며 학자금을 마련했는데, 바로 장춘교회 앞 약수동이 내가 가르치는 학생의 집이었다. 학생 집이 옥수교회의 길 건너편이었으니 어찌 보면 오늘날 이곳이 낯설지 않게 하시려는 하나님의 배려가 아니었을까.

사실 교회 운영은 십일조만으로도 충분하다. 무엇이든지 절약하면 된다. 그래서 나는 교회에 사찰과 사무원을 두지 않는다. 이만한 교회 규모에 사찰과 사무원이 없다고 하면 방문객들은 깜짝 놀란다. 전도사가 행정과 사무를 겸하며 동시에 유치부 교육을 담당기도 한다. 이렇게 해서 절약한 재정이 꽤 된다.

물론 이렇게 하면 목회자들은 매우 불편하다. 예배가 끝나면 전깃불과 난방 상태를 일일이 점검하고, 문단속을 해야 한다. 그러나 이런 절약에 힘입었을까. 부임할 때 있었던 교회 빚 10억 원을 다 갚았을 뿐만 아니라 교회 근처 부지 100평도 마련했다.

그동안 교회 사정상 구제는 쉽지 않은 일이었다. 그럼에도 1년에 1억 원을 구제에 사용할 수 있었던 이유는 교인들의 긍휼한 마음 때문이었다. 이처럼 옥수중앙교회가 '남을 돕는 교회'로 거듭나자, 그것이 교회 부흥의 동기가 되었다. 요즘엔 교인 아닌 사람들의 기부금도 종종 답지되고 있다.

복지 사업에도 노하우가 필요하다. 특히 초중고 결식 아동에게 급식비를 지원할 때에는 자칫하면 아이들의 자존심을 다치게 할 수 있기에 조심해야 한다.

쌀을 나누는 것도 교회에서 주면 가져가려고 하지 않는 경우가 있다. 불신자들 중에는 교회에서 주는 쌀을 안 먹는 사람도 있다. 그래서 가급적 쌀은 동사무소를 통해 전달하는 편이다. 이런 불편함과 어려움에도 우리 교회가 복지 사업을 감당할 수 있게 하신 하나님께 감사를 돌린다. 하나님의 것을 나누는 일에 우리 교회가 도구가 되었으니 어찌 감사하지 않을 수 있으랴.

하나님, 내 것입니까, 하나님 것입니까?

루터가 종교개혁을 할 때 거듭 어려움에 부딪치자, 이렇게 말했다고 한다.

"하나님, 이 교회가 내 것입니까, 하나님 것입니까? 이것은 하나님 것이기 때문에 저는 편히 잠이나 자겠습니다."

나 역시 그러하다. 교회는 결코 내 것이 아니다. 그런데 주변에는 마치 교회가 자기 것인 양 생각하는 목회자가 있다. 창피하고 부끄러운 일이다. 그래서 나는 식당이나 교회 밖으로 갈 때에 가끔 이런 농담을 한다.

"지금부터 목사님이라고 부르지 말고 사장님이라고 불러!"

나 자신이 목사인 것에 자부심이 있지만, 사회적으로 목사님들이 신뢰를 잃었기 때문에 던지는 농담이다. 목사님들이 해외여행을 얼마나 많이 가는지 공항에서 "목사님!"하고 부르면 35명이 동시에 쳐다본다는 농담도 있지 않은가.

우리는 가까운 이웃을 먼저 돌볼 필요가 있다. 주고받는 사랑으로 감동하는 현장이 많아져야 한다. 내가 가진 것 중에 내 것은 하나도 없기 때문이다.

> 그 중에 가난한 사람이 없으니 이는 밭과 집 있는 자는 팔아 그 판 것의 값을 가져다가 사도들의 발 앞에 두매 그들이 각 사람의 필요를 따라 나누어 줌이라 구브로에서 난 레위족 사람이 있으니 이름은 요셉이라 사도들이 일컬어 바나바라(번역하면 위로의 아들이라) 하니 그가 밭이 있으매 팔아 그 값을 가지고 사도들의 발 앞에 두니라 _ 사도행전 4장 34절~37절

초대교회 성도들은 재물을 필요에 따라 나눴다고 한다. 자본주의는 재물을 능력에 따라 분배하지만, 그리스도인들은 필요에 따라 분배해야 한다.

우리 교회에서는 마을 도서관을 만들어 동네 아이들을 돌본다. 부모가 맞벌이하는 동네 아이들 중에는 학교가 끝나면 갈 데가 없는 아이들이 많다. 그들을 도울 방법이 없을까 고민하다가, 아이들이 사회에서 떳떳하게 밥벌이를 하려면 공부에 도움을 주는 도서관을 짓는 게

가장 좋을 것 같았다. 그들 100명 중 1명이라도 잘 자라 준다면 우리가 이 나라에 기여한 것이 되겠지라는 생각에서였다.

우선 도서관으로 이용할 수 있는 공간이 필요했다. 그런데 우리 교회는 계단이 많아서 아이들이 오갈 때 사고가 날 우려가 있었다. 주변을 알아보니 동사무소 한쪽에 빈 넓은 공간이 있어 그길로 동장을 찾아갔다.

"동장님, 우리 교회에서 동네 아이들을 위해 도서관을 만들려고 합니다. 동사무소의 빈 공간을 이용하면 좋을 것 같은데 어떻게 하면 좋을까요?"

동장은 직원들과 상의해 보겠다고 했다. 그러고 나서 바로 연락이 왔다.

"자리를 내 드리겠습니다. 그런데 직원을 한 명 둬야 하는데, 그 직원의 월급과 약간의 운영비를 교회에서 대주면 좋겠습니다."

우리는 동장의 의견에 동의하고 책을 구입한 뒤 직원을 배치했다. 그렇게 해서 옥수1동사무소에 도서관이 성공적으로 운영되었다. 그러자, 이번에는 옥수2동에서 요청이 왔다. 우리 교회 입장에서 두 군데나 지원을 한다는 것은 사실 좀 벅찬 면도 있었다. 그러나 아이들의 미래를 위해 열심히 지원하기로 결정했다.

때로 이렇게 말하는 사람도 있다.

"남을 돕는 것보다 앞으로 닥칠 큰일을 위해서 적금하는 것이 좋지 않나요?"

그럴 때 나는 이렇게 외친다.

"필요한 곳에 다 쓰십시오. 하나님께서는 또 채워 주십니다."

우리는 장학 헌금에 대해 적금하지 않는다. 이번에도 등록금으로 1천만 원을 지원했다. 그리고 구제 헌금에 우윳값이 모이면 모이는 대로 바로 지급한다.

교회에 돈이 많으면 교인끼리 그 돈으로 싸울뿐더러, 교인들이 헌금할 필요를 느끼지 못한다. 재정의 적절한 사용도 목사 하기 나름이다. 비록 가진 것 없는 옥수중앙교회이지만, 남을 돕는 훈련을 통해 복 받는 체험을 날마다 주시니 이보다 더한 감사는 없다.

> 너희는 세상의 소금이니 소금이 만일 그 맛을 잃으면 무엇으로 짜게 하리요 후에는 아무 쓸 데 없어 다만 밖에 버려져 사람에게 밟힐 뿐이니라 너희는 세상의 빛이라 산 위에 있는 동네가 숨겨지지 못할 것이요 사람이 등불을 켜서 말 아래에 두지 아니하고 등경 위에 두나니 이러므로 집 안 모든 사람에게 비치느니라 이같이 너희 빛이 사람 앞에 비치게 하여 그들로 너희 착한 행실을 보고 하늘에 계신 너희 아버지께 영광을 돌리게 하라
>
> _마태복음 5장 13~16절

성경에 184번 등장하는 '감사'에 대하여

성경에 '감사'라는 말은 구약에 127번, 신약에 57번, 모두 184번 등장한다. 감사는 히브리어로 '토다'인데, '토다'에는 하나님을 찬양한다는 뜻과, 하나님께 감사 제물을 드린다는 뜻을 포함하고 있다.

"오라 우리가 여호와께 노래하며 우리의 구원의 반석을 향하여 즐거이 외치자 우리가 감사함으로 그 앞에 나아가며"(시편 95:1~2)라고 할 때 '감사'라는 말이 '토다'이다.

"여호와가 우리 하나님이신 줄 너희는 알지어다 그는 우리를 지으신 이요 우리는 그의 것이니 그의 백성이요 그의 기르시는 양이로다 감사함으로 그 문에 들어가며 찬송함으로 그의 궁정에 들어가서 그에게 감사하며 그 이름을 송축할지어다"(시편 100:3~4)라고 할 때, '감사'라는 말이 '토다'이다.

성경의 감사는 하나님과의 관계적인 말이요, 하나님께 대한 고백적인 언어이다. 피조물이 창조주에게, 하나님의 자녀들이 하나님 아버지에게, 하나님의 선하심과 인자하심에 대한 고백으로 감사를 드리는 것이다.

감사는 지금 내가 가진 것이 많고 적음에 대한 우리의 반응이 아니다. 감사는 하나님과의 관계에서 나오는 하나님의 인자하심과 신실하심에 대한 고백이다. 우리의 손에 든 것이 많든지 적든지 우리는 하나님께서 주신 것을 하나님 앞에 가지고 가서 그렇게 고백해야 하는 것이다. 과거 고난의 역사 속에서 나에게 인자를 베풀어 주신 하나님, 그리고 여기까지 나를 인도하신 하나님께 "하나님, 내가 하나님의 은혜로 여기까지 오게 되었습니다. 이것이 내가 이 땅에서 거둔 첫 열매입니다"라고 고백하는 것이 감사이다.

_어느 목사님 설교문 중에서

04 어려움은 회복의 통로, 축복의 길잡이

차세대 리더십의 롤모델, 개신교 분야 1위

김학중 목사

꿈의교회 담임으로 국내 최초 레포츠교회를 세워 주목을 받은 김학중 목사는 『시사저널』과 『미디어리서치』가 국내 전문가들을 대상으로 공동 조사한 '한국의 미래를 이끌 차세대 영웅 300인' 가운데 개신교 분야 1위에 꼽혔다. 실험적 목회 방식에 대해 논란이 있다고 하나, "교회는 세상 속으로 들어가야 하고 시대의 흐름에 맞게 활동해야 한다"라며 '상황 목회'를 강조해 왔다. 또한 "대형교회의 선배 목회자들은 교회 성장에는 성공했지만 사회적 메시지를 전달하는 데 부족했다. 그러기에 젊은 목사들은 교회 부흥과 사회적 영향력 확대라는 두 마리 토끼를 동시에 쫓아야 한다"라고 권면한다.

감리교신학대학교를 졸업하고 호서대학교대학원에서 철학 박사학위를 받았다. 안산시 기독교 연합회장, 기독교대한감리회 안산서지방감리사, 연세대학교 겸임교수, 굿프렌드복지재단 이사장, 한국 NCD 이사장 등으로 활동하고 있다.

17년 전 교회를 개척할 무렵, 안산은 신흥 도시로 발돋움하던 시기였다. 수많은 이주민들이 생겼고 인구 증가만큼 우후죽순으로 개척교회가 생겨났다. 교계는 이곳을 가리켜 '용기 있는 젊은 목회자들의 집합소'라고 부를 정도였다.

'교회 골목'이라고 들어 보셨는지. 택시 기사들에게 "교회 골목으로 가 주세요"라고 말하면 못 알아 듣는 분이 없을 정도로 두 집 건너 교회가 있던 지역이었다. 내가 세운 교회 역시 그곳에 있는 고만고만한 개척교회 중 하나였다.

"이런 곳에 교회를 세우냐. 미련한 짓이야, 미련한 짓!"

하필 '교회 골목'에 교회를 개척한 나를 향해 주변 사람들은 혀를 찼다.

장사를 해도 경쟁자가 없는 곳에서 시작하는 것이 상식적인 태도일 것이다. 그런데 무한 출혈이 예상되는 곳에 교회를 세웠으니 수많은 교회들이 죽어날 가능성이 높았다. 나라고 예외는 아니었다.

천군 천사 가득한 이곳에서 예배할지어다

그들의 우려대로 개척 1, 2년을 못 견디고 파산하는 교회들이 수두룩했다. 더구나 내가 처음 교회를 개척했을 때는 개척 프리미엄 즉, 교인 몇 명을 데리고 들어와서 세운 것도 아니었다. 그야말로 아무도 모르는 곳에서 시작하는, '맨땅에 헤딩하기'였기에 발로 뛰고 열심히 전도하는 수밖에 없었다.

하지만 시간만 흐를 뿐, 아무런 성과가 없었다. 한 달이 지나도록 성도라고는 아내뿐이었다. 지나가다 교회 현관문에 손을 대는 사람조차 단 한 명도 없었다. 매일 새벽기도회부터 쉬지 않고 기도했지만 예배당에는 오직 눈물 흘리는 아내가 전부였다.

쉬지 말고 기도하라! 그 말씀에 따라 쉬지 않고 기도했지만, 교인을 보내 달라는 처절한 간구에 대해 하나님은 별다른 응답이 없으셨다.

어느덧 교회 개척 한 달째 되는 날, 이대로는 도저히 안 되겠다 싶었다. 눈물 흘리는 아내의 모습을 보니 하나님과 담판을 지어야겠다는 생각이 들었다. 새벽기도를 마치고 아내를 방에 들여보내고는 홀로 십자가 강단 앞에 무릎 꿇고 기도하기 시작했다.

새벽녘 텅 빈 예배당에서 나는 기도로 반쯤 미쳐 있었다. 하나님께 항변하듯 하염없이 부르짖었다.

"하나님, 하나님 앞에서 누구보다도 열정적으로 전도했습니다. 안산 시내 전체를 신발이 해지도록 돌아다니며, 안산 시민들의 형편과 환경을 살폈습니다. 설교도 피를 토하도록 열심히 준비했는데 왜 한 명의 성도도 보내 주시지 않는 겁니까. 하나님 너무하십니다."

원망 섞인 기도였다. 형식을 따진다면 그것은 기도라고 할 수 없었다. 하지만 돌이켜 보면 이것이야말로 진짜 기도였다. 하나님과 나만이 통하는 대화였으니 그만한 기도가 어디 있겠는가.

반나절이 지나도록 부르짖었지만 하나님은 여전히 침묵하기만 하셨다. 그때 깨달은 것은 정말 참고 인내하시는 하나님이라는 것이다. 그렇게 원망의 목소리로 떠들어도 단 한마디 말씀하지 않으시니 말이다.

상처받은 욥의 심정으로 토해내는 나의 목소리에 침묵하시는 하나님. 어떻게 단 한마디도 답변하지 않으시는지. 그렇게 새벽에 기도하기 시작한 것이 식사를 거른 채 정오를 넘어서고 있었다.

'하나님이 응답하지 않으시면 차라리 기도하다가 죽자.

기도해서 죽으면 천국이라도 가지 않겠는가.'

죽기를 각오했다. 응답하지 않으시면 이렇게 죽는 것이 낫다는 생각이었다. 하나님의 응답이 들릴 때까지 물러서지 않았다. 얍복 나루에서 야곱이 천사와 씨름할 때가 이런 심정이었으리라!

그렇게 하루가 지나고 다음 날 새벽이 올 때까지 기도를 멈추지 않았다. 누군가 내 모습을 보았다면 완전히 미친 사람으로 착각했을 것이다. 아무것도 먹지 않고 움직이지도 않은 채 어제 새벽부터 하루 종일 기도를 했으니 그 몰골이 어떻겠는가. 아내는 내 모습을 보고는 잠시 실신하기도 했다. 나 역시 거의 실신 지경에 이르렀다. 나중에는 완전히 탈진해 버려 "하나님, 하나님, 아 하나님"하는 소리밖에 낼 수 없었다. 그때였다.

"왜 너는 혼자 예배를 드린다고 생각하느냐. 내가 너와 함께 있었다. 천군 천사들이 이곳에 가득하지 않느냐. 이렇게 많은 천군 천사들이 함께 예배를 드리는데 너는 왜 불만이 많으냐."

어디선가 들려오는 희미한 음성, 분명 주님의 음성이었다. 얼마나 기다렸던가. 얼마나 반가운 목소리인가! 하나님은 내 귀에 세미한 음성을 들려주셨다.

> 엘리야가 그 곳 굴에 들어가 거기서 머물더니 여호와의 말씀이 그에게 임하여 이르시되 엘리야야 네가 어찌하여 여기 있느냐 그가 대답하되 내가 만군의 하나님 여호와께 열심이 유별하오니 이는 이스라엘 자손이 주의 언약을 버리고 주의 제단을 헐며 칼로 주의 선지자들을 죽였음이오며 오직 나만 남았거늘 그들이 내 생명을 찾아 빼앗으려 하나이다 여호와께서 이르시되 너는 나가서 여호와 앞에서 산에 서라 하시더니 여호와께서 지나가시는데 여호와 앞에 크고 강한 바람이 산을 가르고 바위를 부수나 바람 가운데에 여호와께서 계시지 아니하며 바람 후에 지진이 있으나 지진 가운데에도 여호와께서 계시지 아니하며 또 지진 후에 불이 있으나 불 가운데에도 여호와께서 계시지 아니하더니 불 후에 세미한 소리가 있는지라 _열왕기상 19장 9절~12절

강한 바람이나 지진이나 불 속이 아니라 모든 것이 지나간 후에 세미한 하나님의 음성을 듣는 엘리야. 그런 엘리야의 상황과 내 처지가 다르지 않았다. 내 속에서 일어나는 마음의 동요는 산을 가르고 바위를 부수는 바람과 같았고, 큰 지진이나 불이 일어남과 다를 바가 없었다. 그러나 하나님은 내 마음의 동요가 다 지난 후에야 내 귀에 세미한 음성을 들려주셨다. 그것도 새벽에!

♬♪ 저 장미꽃 위에 이슬 아직 맺혀 있는 그때에
귀에 은은히 소리 들리니 주 음성 분명하다~~♪♩

이 찬송가를 생각할 때마다 새벽에 울리던 하나님의 음성이 선명하게 떠오른다. 이 찬양시를 쓴 이는 간절함을 갖고, 어둠이 채 가시지 않은 새벽에 하나님 앞에 무릎을 꿇고 기도한다. 그때 그 기도자의 귀에 들려오는 나직하나 선명한 소리. 이는 귀에 은은히 울리는 너무나 분명한 주님의 음성이다!

주님의 목소리는 부드러웠다. 나는 그 음성을 듣고 그대로 쓰러져서 엉엉 울었다. 그러자 또 뜨거운 손길이 내려와 나를 어루만져 주는 것을 느꼈다. 바로 성령 체험이었다.

기도 응답과 성령 체험이 있은 후 내 목회는 달라졌다. 아무도 없는 예배당이지만 실은 천군 천사들이 가득 메운, 꽉 찬 예배당이었기 때문이다. 그래서 아주 큰소리로 당당하게 설교할 수 있었다. 한 사람이라도 올까 예배시간을 훨씬 지나기까지 기다리다가 예배를 시작하곤 했는데, 그 이후엔 정시에 예배를 드리기 시작했다. 예배당에는 여전히 아무도 없었다.

내 목소리에 자신감이 차고, 혼신의 힘을 다해 말씀을 전하자 아내는 '누가 왔나?'하며 뒤를 돌아볼 정도였다. 한 번은 아내가 강대상 앞으로 나오기까지 했다. '이 사람이 실성하지 않았나?'하는 생각에 내 눈동자를 확인하기 위해서였다고 한다. 하지만 나는 아랑곳하지 않고 열심히 설교했다.

마침내 기적이 나타났다. 내 설교가 바깥까지 크게 들릴 정도였나 보다. 교회 현관문이 살짝 열리더니 누군가 교회 안을 들여다보는 것이 아닌가. 순간 가슴이 울컥했다. 드디어 첫 교인이 생기나 보다 싶었다. 그런데 강대상에 혼자 서 있던 내 눈과 마주친 그는 재빨리 뒷걸음질쳤다. 예배당에 아무도 없다는 사실을 알아차리자 실망했던 것이다. 아마도 목사의 설교가 하도 힘이 있어 많은 교인이 있는 줄 짐작했던 게 분명하다.

정말 다급한 순간이었다. 그러자 새벽기도 가운데 들었던 주님의 음성이 내 입을 통해 나왔다.

"바로 지금 이곳에서 예배할지어다! 천군 천사 가득한 이곳에서 신령과 진정으로 예배할지어다!"

목청껏 소리쳤다. 나 스스로도 놀랄 만큼 엄청난 울림이었다. 그 순간, 막 닫히던 현관문이 다시 열리며 그 사람이 되돌아왔다. 아니, 한 사람이 아닌 두 사람이었다. 그들은 멋쩍은 표정으로 자리에 앉았다.

두 사람이 개척교회의 첫 방문자였다. 그들은 안산에 새로 이사 온

부부로 섬길 교회를 찾던 중이었다. 강대상에 서 있던 나는 감동으로 가슴이 터질 지경이었다.

그게 시작이었다. 그 후로 하나님은 작은 개척교회에 여러 양들을 보내 주셨다. 어디에 그 많은 양들이 준비되어 있었던 것인지. 나는 이것이 바로 새벽기도의 힘이라고 확신한다.

나는 새벽기도의 성령 체험으로, 주의 천군 천사가 항상 나와 함께함을 믿고, 새로운 사역에 도전하게 되었다. 그러한 믿음으로 레포츠 교회를 이루었고, 이제 세계 10대 교회가 되는 비전을 향해 나아가는 힘이 되고 있다.

기도, 가난하고 절망하던 아이를 바꾸다

꿈의교회는 새벽기도의 힘으로 성장했다고 해도 과언이 아니다. 특히 매월 첫 주 실시하는 여리고 기도회, 전후반기 각각 21일간 아버지의 날, 어머니의 날, 찬양인의 날, 삼대 축복의 날, 고부 갈등 해소의 날, 자녀들의 날, 선교회의 날 등으로 해당 교인들을 위한 특별 기도가 이어지는 세이레 특별 새벽기도회는 우리 교회의 자랑이다.

많은 교인들이 안산이라는 지역 특성상 서울로 출퇴근함에도 불구하고 예배당을 가득 메운다. 주류를 이룬 젊은 2, 30대에서부터 지팡이를 손에 쥔 여든이 넘은 할머니 권사님, 어린 두 자녀와 함께 총총걸음으로 예배당에 들어오는 여 집사님, 남편과 함께 만삭의 몸으로 기도하는 임산부, 앞자리를 독차지한 유치부 꼬마 기도 특공대원들의 모습까지 자연스럽게 이어진다. 그뿐만이 아니다. 새벽 3시에 일어나서 한 시간 남짓한 주행 거리를 달려오는 성도들도 있다.

이렇듯 내 삶과 목회에 기도가 강조된 것은 가난하고 불행하기만 했던 유년기, 기도에 대한 남다른 체험 때문이다.

어린 시절, 아버지는 빵 대리점을 경영하셨는데 내가 초등학교에 들어갈 무렵 파산하고 말았다. 우리 가족은 빚쟁이들을 피해 하루아침에 단칸방으로 피난 아닌 피난을 가게 되었고, 그 후 재기하지 못한 아버지는 매일 술에 찌들어 세상만 한탄했다. 아버지가 생계를 등한히 하자 어머니가 가족을 책임져야 했다. 하지만 하찮은 일자리조차 오래 이어지지 못했다.

초등학교 4학년 때였다. 수업을 마치고 보슬비에 온몸이 흠뻑 젖은 채 집 안으로 들어서는데 주인집 아주머니가 새파랗게 질린 얼굴로 뛰어오셨다. 그러고는 나를 보자마자 다짜고짜 이렇게 말하는 것이었다.

"아이고, 학중아. 이 불쌍한 것아, 어쩌면 좋으냐. 정말 큰일 났다. 네 어머니가 곧 죽게 됐다."

순간 머릿속이 새하얘졌다. 아무 말도 하지 못한 채 그저 우두커니 서 있었다. 주인집 아주머니는 나를 마구 흔들어대며 얼른 아버지를 찾아보라고 했다. 하지만 아버지를 찾을 생각이 없었다. 오직 어머니가 보고 싶을 뿐이었다.

어머니는 가족을 먹여 살리기 위해 밤낮으로 일하셨다. 연탄을 찍어 팔기도 하고 막일도 마다하지 않으셨다. 비가 오는 날에는 시장에서 튀김집의 일을 도우기도 하셨다.

　사고가 난 그날도 추적추적 비가 내렸다. 어머니는 집에서 고구마와 각종 야채를 썰어 튀김집에 전해 주러 갔다. 야채를 잔뜩 담은 함지박을 머리에 이고 튀김집에 들어서던 어머니가 순식간에 미끄러졌다. 설상가상 펄펄 끓는 기름 솥을 건드리게 되었고, 어머니는 온몸에 뜨거운 기름을 뒤집어쓰고 말았다.

　다행히 목숨은 건지셨으나 이후 어머니는 전신에 화상을 입어 눕지도 못하고 알몸으로 앉아 있어야만 했다. 그런 상황에서도 여전히 아버지는 가족을 돌보지 않았다. 절망한 나머지 술에 더 찌들어 살 뿐이었다.

　이제 어린 동생들을 돌보고 생계를 짊어져야 할 사람은 바로 나였다. 어린 나이에 가장이 된 나는 폭풍우 치는 바다에서 널빤지 하나에 의지한 채 나부끼는 신세 같았다. 어린 내가 할 수 있는 것이라고는 고작 구청에서 배급하는 밀가루로 수제비를 끓이는 일이 전부였다.

　사람들은 나를 보며 동정 어린 시선으로 혀를 차기 일쑤였다.

　"쯧쯧. 학중이는 어떻게 사니?"

　"그래도 힘내라. 너까지 네 아버지처럼 되면 안 된다. 나쁜 길로 빠지지 않도록 정신 바짝 차리거라."

　대개 불량아가 되지 않을까 염려하는 말뿐이었다.

　화상 탓에 냄새나는 알몸으로 앉아만 있는 어머니, 술에 빠져 폐인이 된 아버지, 천진난만한 어린 동생. 매일이 어린 내게는 너무나 버거운 나날이었다. 그래서일까. 열등감으로 나는 또래들과 잘 어울리지 못했다. 이런 마음의 고통은 교회에 나가기 전까지 계속되었다.

돌이켜 보면 불행한 유년의 기억은 어렵고 힘들게 살아가는 세상의 이웃들과 성도들에게 더 가까이 다가갈 수 있는 밑거름이 되었다. 나를 지켜보며 안타까워했던 동네 어르신들의 염려 덕분이리라. 이렇듯 감사의 조건이 될 줄 감히 짐작할 수 없었지만 말이다.

무엇보다 그때 그 시절이 내게 행복한 기억으로 남게 된 것은 그 불행의 언저리에서 살아 계신 하나님을 경험했기 때문이다. 하나님을 만나고부터 회복할 수 없을 듯한 불행은 어느덧 행복의 길로 접어들었다.

헬렌 켈러에게 설리번 선생님이 있었다면, 내게는 여드름이 많았던 주일학교 선생님이 있었다.

집에 가기 싫어했던 내가 친구 손에 이끌려 교회로 인도되던 날, 처음 발을 디디던 교회에 대한 기억은 잊을 수 없다. 참으로 안온했다.

그곳에서 나는 주일학교 선생님과 운명적으로 조우했다. 얼굴에 여드름이 많아 아이들 사이에서 '멍게'라고 불리는 주일학교 선생님. 선생님이 따뜻한 미소로 나를 반겨 주셨다. 전혀 동정의 눈빛이 없었다. 그렇게 반갑고 환하게 나를 맞아 준 사람은 처음이었다.

그뿐만 아니라 선생님은 내 사정을 알았는지 나를 너무나 사랑해 주셨고, 다른 아이보다 더 관심을 갖고 지켜봐 주셨다. 이제까지 받아보지 못한 사랑을 한꺼번에 받는 기분이었다. 그러다 보니 선생님을 만나는 일이 기다려지고 교회 가는 발걸음이 잦아졌다.

때로는 텅 빈 예배당 안에 혼자 앉아 있기도 했다. 그리고 자연스레 하나님께 기도하기 시작했다. 내가 믿을 것은 하나님밖에 없다는 생각이 들었다. 조금씩 하나님께 기도하게 되자, 새벽기도에도 나가게 되고 학교가 끝나고 교회에 들렀다가 집으로 오는 생활이 계속되었다.

어느 날 늦은 저녁, 학교 수업을 마치고 교회에 갔다. 예배당에 들어가는 순간 아무도 없을 것이라는 예상과 달리 기도 소리가 들려왔다. 자세히 살펴보자 어두컴컴한 강대상 앞에서 누군가 무릎을 꿇고 통성으로 기도하고 있었다. 왠지 낯익은 남자의 목소리였다. 그 목소리에는 울음이 섞여 있었다. 누굴까? 간절히 기도하는 그의 목소리에서 감동이 전해졌다. 조용히 뒤돌아 나가려는데 순간 기도 가운데 내 이름이 들렸다. 등 뒤에 전율을 느끼며 그 자리에 우뚝 섰다.

"하나님, 학중이를 눈동자같이 보호해 주십시오. 학중이의 가족을 지켜 주십시오."

간절하게 부르짖는 기도 소리는 내 마음 깊은 곳을 아프게 건드렸다. 나는 너무나 놀랐다.

'나를 위해 기도하는 사람이 있었다니……. 이토록 절절하게!'

내겐 너무나 큰 충격이었다. 이대로 밖으로 나갈 수가 없었다. 누가 나를 위해 기도하는지 너무나 궁금했기 때문이다.

'선생님? 멍게 선생님인가?'

그랬다. 그분은 다름 아닌 나의 주일학교 선생님이었다. 선생님인 것을 알게 되자 가슴 깊은 곳에서 어떤 것이 울컥 치밀어 올랐다. 지금까지 나를 위해 울어 준 사람은 없었다. 더구나 내 이름을 부르며 기도한 사람은 더욱 없었다.

'선생님! 이 시간에 홀로 엎드려 내 이름을 불러 주시다니요. 나를 위해 기도하시다니요. 우리 가족을 위해 눈물로 기도하시다니요. 선생님, 감사합니다.'

이게 바로 하나님의 사랑이었다. 나는 벅차오르는 가슴을 부여잡고 슬그머니 교회를 빠져나왔다.

세상에 몹시 부정적인 시각을 가지고 있던 내가 하나님의 사랑을 체험하자 세상이 달라 보였다. 어렵고 힘들어도, 아프고 절망적이어도, 세상은 살아 볼 만한 곳이라는 생각이 들기 시작했다.

당시 선생님을 통한 사랑의 체험은 내 인생 가장 행복한 순간으로 기억하게 되었다. 선생님의 중보기도가 나를 바꾸었다. 기도하는 사람으로 변화시킨 것이다. 기도의 힘을 믿고 우리 교인들과 함께하는 특별 새벽기도회의 기초가 되었음은 물론이다.

사람과의 만남, 넘치는 감사 스토리

교회 개척 초기에 만난 한 할머니가 떠오른다. 이웃에 대해 주께 하듯 해야 한다는 것을 깨닫게 된 이 사건은 하나님께 두고두고 감사한 일이 되었다.

'경상도 할머니'라고 불리는 동네 터줏대감이었던 할머니는 굉장히 억세고 거칠다고 소문난 분이었다. 게다가 철저한 불교 신자였다. 문제는 누구든지 이 할머니한테 밉보이면 동네에서 살기가 힘들어진다는 것이었다.

할머니의 무기는 입심이었다. 못마땅하다 싶으면 계속 따라다니며 저주하고 욕할 뿐만 아니라 동네방네 소문내, 도저히 동네에서 살 수 없게 만드는 입심이었다. 나 역시 할머니의 텃세를 누군가가 귀띔해주어 늘 조심하고 있던 차였다.

하지만 할머니를 피할 수 없는 일이 생기고 말았다. 교회를 지으려고 지하 방공호를 팔 때 할머니와 얽히게 된 것이다. 건물을 지어야 할 방공호 터에 할머니가 호박을 심었다. 제값을 치르고 구입한 교회 터인데 할머니 마음대로 호박을 심더니 오히려 적반하장이었다.

"젊은 양반, 여따가 교회 지을끼가?"

그렇다고 했더니, 할머니가 다짜고짜 말씀하셨다.

"그치만 이 호박은 내가 심은기니까 가을까지는 마, 절대로 건드려서는 안 된데이. 만약에 건드렸다간 큰일난데이."

아주 당연하다는 듯 호령했다.

나는 너무 황당해서 한참 동안 말을 잇지 못했다.

'화나는데 할머니 말씀을 무시하고 그냥 따져 볼까?'

그러나 이 할머니에게 어떻게 대하느냐가 곧 동네 사람들에게 보이는 나의 모습이자 교회의 얼굴이라 생각하자 겨우 마음을 진정시킬 수 있었다.

"할머니, 호박 다치지 않게 해 볼게요. 가을까지 지켜드리겠습니다."

나는 최선을 다해 웃으면서 말씀드렸다.

그러자 할머니는 대뜸 이렇게 말하는 게 아닌가.

"마, 이 호박만 다쳐 봐라. 너그 교회는 끝장난데이."

그 말에 또 울컥했지만, 부글부글 끓어오르는 마음을 꾹 참았다.

"예. 잘 알겠습니다. 알았어요, 할머니."

그렇게 일단락을 짓고 공사가 시작되었다. 그런데 교회를 짓기 시작하자 역시 호박 심은 자리가 문제였다. 건물 지을 자리는 50평 공간이었지만 땅을 팔 때는 훨씬 더 넓게 파야 되는데, 호박 심은 자리를 남겨 놓고 더 팔 수가 없었던 것이다.

시간이 흐르자, 인부들이 화를 내기 시작했다. 자재를 쌓을 자리가 없어 자재를 옮길 때에도 직선으로 가면 될 것을 돌아서 가야 하니 화낼 만했다. 그때마다 인부들은 호박을 뽑아 버리겠다고 나서고, 나는 그걸 말리느라고 애썼다. 인부들과 싸우기도 하고 달래기도 하면서 그 호박을 가을까지 지켜냈다.

드디어 가을이 되어 호박이 열리자, 할머니는 호박을 따 들고와서 내게도 몇 개 건네주셨다. 그러면서 하는 말씀이 객기로 한 번 해 본 말인데 젊은 양반이 그걸 지키기 위해 애쓰는 모습이 대견하다며 칭찬하는 게 아닌가! 여기에 이렇게 덧붙이신다.

"웬 젊은 양반이 그렇게 눈물이 많노?"

할머니는 교회 터에서 새벽마다 울며 기도하는 내 모습을 보았던 것이다. 교회 공사 전에 재정이 없어 하나님 앞에서 울며 기도하던 때였다.

"그 사람 교회 전도사인데 교회 지을 돈이 없어서 하나님께 기도하는 거랍니다."

알고 보니 주변 사람들의 이 말을 듣고 할머니는 나를 불쌍하게 여긴 것이 아니라 '하나님이 과연 돈을 주나 보자'하고 심통을 부려 호박을 심어 건드리지 말라고 했다는 것이다. 그러나 진짜 내가 그 약속을 지킬 줄은 몰랐면서.

"마, 이런 양반은 처음이데이."

할머니는 그 후 우리 교회에 대해 좋은 마음을 갖게 되었다. 물론 철저한 불교 신자라 교회는 안 나오시지만 말이다. 적어도 할머니에게 미움은 받지 않았다는 데 안도하고 감사 인사를 드렸다.

"할머니, 좋게 생각해 주셔서 감사합니다."

그런데 하나님은 그 고집불통 할머니를 통해서 역사를 이뤄가셨다. 누군가 동네로 이사오기만 하면 할머니가 먼저 그 집으로 달려가 종교가 뭐냐고 물었다.

"기독교라고? 그러면 볼 거 없데이. 당신은 당장 내가 짚어 주는 교회로 가! 거기가 진짜야."

기독교라는 답변을 들으면 늘 우리 교회를 칭찬하며 추천하셨다. 할머니 덕분에 우리 교회를 찾아온 교인들이 많았다. 만약에 할머니의 말씀을 무시한 채 호박을 뽑아 버리고 공사했더라면 동네에서 우리 교회의 이미지는 어떻게 되었을까. 아무리 생각해 봐도 할머니의 호박을 지켜낸 것이 정말 잘한 일이라는 생각이 든다.

한번은 이런 일도 있었다. 우리 교회는 교인이 아니더라도 교회를 드나드는데, 그러다 보니 종종 내 휴대전화 번호가 노출될 때가 있다. 굳이 개인 전화기에 전화하는 경우는 취직자리를 알아 봐 달라거나,

경제적으로 도움을 청하는 사람들이 대부분이다. 인생 상담을 요청하기도 하지만 대개 필요한 건 돈이다. 그래서 모르는 번호로 전화가 오면 겁부터 먹게 된다.

"따르릉!"

휴대전화 벨소리가 울려 무심결에 받았다.

"목사님?"

술 취한 사람이었다. 아차 싶었다. 전화를 끊고 싶었지만 그는 부정확한 발음으로 계속 떠들기 시작했다. 아마 자신이 무슨 말을 하는지 몰랐을 것이다. 했던 말을 또 하고 또 하며 정말 긴 시간 동안 나를 놓아주지 않았다.

그런데 한 번으로 끝이 아니었다. 늦은 밤이면 여지없이 전화를 걸었다. 귀찮기도 했지만, 횡설수설하는 그의 처지가 가엽게 느껴져 마음이 아팠다. 만약 나조차 상대해 주지 않는다면 어디에서 위로를 받을까. 그저 듣고 또 들어주었다. 그러기를 꼬박 일주일. 잠자리에 들 시각이 한참 지난 후여서 피곤에 지친 나에게 술주정 같은 전화 응대는 곤욕이었다.

며칠이 지나자 아예 오기가 생겼다. 언제까지 계속 하나 기다려 볼 참이었

> 감사기도는 구체적이어야 한다.
> "이렇게 교제할 수 있게 해 주셔서 감사합니다."
> "이런 위험을 이기게 해 주셔서 감사합니다."
> "이 놀라운 은혜에 감사합니다."
> '하나님의 모든 자비하심에 대해서'라는 말은 전체를 묶어서 기도할 때에는 적절하겠지만 개인적인 감사는 되지 못한다. 우리가 '모든 것에 대해서 감사한다'라고 하면, 사실 아무것도 감사하지 않고 끝나기가 쉽다.
> 또한 감사기도는 깊은 성찰을 통해 '인생의 영원한 사랑이 무엇인가'라는 질문을 던져야 한다. 그래서 세속적이고 환경에 얽매인 감사에서 벗어나야 한다. 그리고 인생 너머의 영원한 삶에 뿌리를 내려야 한다.
> _조지 버트릭George A. Buttrick의 『기도』 중에서

다. 인내하며 들어주기를 일주일, 일주일이 지나자 웬일인지 더 이상 전화가 없었다. 전화가 오지 않자 오히려 이상했다. 게다가 그가 궁금해지기까지 하는 것이 아닌가. 나 원 참.

그 후 얼마 지나지 않은 주일이었다. 새 성도가 소개되는데 그중 한 사람이 깊이 고개를 숙이며 말했다.

"목사님 죄송합니다. 제가 밤마다 술주정한 사람입니다. 전화기를 내려놓을 즈음 항상 후회했는데……. 언짢은 말씀 한마디 없이 계속 받아 주셔서 감동받았습니다. 그래서 이렇게 교회에 등록하게 되었습니다. 이제는 술도 안 먹고 교회에 잘 나오겠습니다."

나는 그의 손을 덥석 잡으며 크게 웃어 주었다.

누군가에게는 불편하고 피하고 싶은 이런 일들이 목회자이기에 감당해야 하는 일이라고 생각하지는 않는다. 오히려 목회자이기에 주어지는 특별한 기회라고 생각한다. 누군가 해야 할 일 중에 내가 기회를 독차지한 것이라고 여긴다. 그것이 내가 가장 먼저 감사해야 할 일이다.

> 랍비들은 하나님이 여행자들의 기도를 듣지 않기를 기도했다. 그 이유는 그곳에 사는 주민들은 추수를 위해 비가 내리기를 기다릴 때 여행자들은 날씨가 좋아서 편하게 여행하기를 구할 수도 있기 때문이었다. 우리 중에 많은 이들이 기도할 때 주로 '나', '나를', '나의'와 같은 개인적인 인칭을 사용한다. 그러나 하나님은 전체를 위한 더 큰 계획을 가지고 있기 때문에 우리

는 전체를 위해 우리에게 좋은 것을 기꺼이 희생할 줄 알아야 한다.

이는 존 맥아더의 「기도의 열정」에 나오는 대목이다. 나 아닌 누군가를 위해 기도할 수 있는 것은 축복이다. 사람과의 만남에서 감사가 넘치는 이유는 바로 여기에 있다.

'감사'는 받은 복을 하나하나 새기는 것

청원은 마음속에 있는 것을 하나님께 내놓는 것이며, 기도와 간구로 표현되는 마음속의 소원을 열거하는 것이다. 주기도문 속에는 본기도 외에 일곱 가지 청원이 있다. 또한 주님께서는 "구하라 그리하면 너희에게 주실 것이요 찾으라 그리하면 찾아낼 것이요 문을 두드리라 그리하면 너희에게 열릴 것이니 구하는 이마다 받을 것이요 찾는 이는 찾아낼 것이요 두드리는 이에게는 열릴 것이니라"(마태복음 7:7~8)라고 말씀하셨는데, 이것이 바로 청원이다. '감사'는 우리가 받은 복을 하나하나 되새기는 것이다. 그 결과 우리의 믿음이 더 확고해지고, 우리는 구하는 바를 믿음으로 기다릴 수 있게 된다.

기도는 청원에 의해 힘을 얻고, 간구에 의해 끈기 있게 되며, 감사에 의해 기쁘고 즐거워진다. 힘 있는 기도와 자원하는 기도는 기도의 응답을 얻고 보장하는 데 둘 다 필요하다. 이것이 바로 교회에 의해 시행되는 기도방식이다. 그리고 구약의 성도들은 기도할 때 언제나 간구와 감사를 드렸다. 주기도문은 찬양과 감사와 하나님을 아버지로 인정하는 것으로 시작된다. 그리고 아버지의 사랑을 알고 또 자녀로서 그분을 사랑함으로써 아버지께 나아가도록 진지하게 격려한다. 간구는 비할 데 없이 힘 있는 기도이다. 그러므로 간구는 지금까지 언급한 것 중에서 가장 숭고하고 고상한 기도이다.

_리처드 포스터가 묵상한 신앙 고전 52선, 마틴 루터 편 중에서

05 생명을 주신 하나님! 열 차례 사선을 넘다

한국교회사의 밑줄이 된, 4대째 목사 가정

림인식 목사

림인식 목사는 한국교회에 큰 영향력을 준 대표 성직자로 조부인 림준철 목사, 부친 림재수 목사, 그리고 장남 림형석 목사, 셋째 림형천 목사에 이르기까지 4대째 목사 가정으로 믿음의 표본이 되고 있다. 중국 봉천에서 태어나 세 살 때 한국으로 돌아온 후, 평양장로회신학교를 입학, 한국전쟁으로 부산에서 장로회신학교를 졸업했다. 아울러 경희대학교 정치외교학과를 졸업하고, 평양노회 목사로 안수를 받았다. 부산에서 첫 목회를 시작하여, 대구영락교회를 거쳐 노량진교회에서 원로 목사로 은퇴하였다. 목사님은 "목회는 비즈니스가 아니라 관용을 가지고 사람을 사랑 안에서 이해하는 것"이라고 조언하여 젊은 목회자들에게 감동을 주었다.

오랫동안 대한예수교장로회 총회장을 지냈고, 한국교회대부흥100주년기념대회 대회장, 숭실대학교 이사장, 한국기독공보 발행인, 한국장로교협의회 회장, 기독교 TV(CTS) 운영이사회 고문, 한국기독교총연합회 명예 회장을 역임하는 등 한국교회사에 큰 족적을 남겼다.

내 감사 조건 중 으뜸이라면, 생명에 대해서이다. 지금까지 살아 있는 것 자체가 나일 강에서 건져진 모세의 생명 구원과 같은 기적이며 드라마이다. 나는 죽을 고비를 열 번이나 넘겼고 그때마다 하나님의 도우심을 체험했다. 그중에 의사가 도저히 손쓸 수 없다고 포기한 병력만 해도 일곱 번.

이런 인생이 있을까? 이런 도우심을 받은 사람이 있을까? 산다는 것에 대해 사람들은 어떻게 정의를 내릴지 모르나 나에게 산다는 것은 '내 뜻'과 무관할 수밖에 없다. 오직 하나님이 내 삶에 자신의 뜻을 세우실 뿐이다.

나의 생명은 내 것이 아니다. 그래서 내 그릇에 내 욕심, 내 뜻을 담을 수 없다. 하나님이 주신 생명이고, 그분의 뜻에 따라 사는 생명인데 어떻게 내 뜻을 담을 수 있겠는가.

사망률이 높은 질병으로 내 목숨 값이 매겨지다

내 생명에 가장 먼저 찾아온 고비는 네 살 무렵, 북한 박천에서 살 때였다. 평화로운 농촌 마을이 어수선했다. 원인을 알 수 없는 병으로 인해 여기저기에서 아이들이 죽었다는 소식이 들려왔다. 나와 여동생도 그 병을 피할 수 없었다.

학교 선생님이던 아버지는 만사를 제치고 의사를 모셔 왔다. 그러나 주사를 놔도 차도가 없었다. 여동생은 병에 걸린 지 얼마 지나지 않아 죽고, 나마저 죽기 직전이었다. 그런데 기도의 힘이었을까? 나는 기적적으로 살아났다.

두 번째 위기가 찾아왔다. 초등학교 졸업을 앞둔 어느 날이었다. 대문 위에 올라가 놀고 있는데 이웃집 아이가 사다리를 치우는 바람에 대문에서 떨어지고 말았다.

그때부터 아프기 시작했다. 뼈가 부러지거나 상한 데는 없는데, 이상하게 몸이 꼬챙이처럼 바싹 마르고 밥을 먹지 못했다. 병원에서도 원인을 알 수 없다고 했다.

"이 애는 커서도 사람 구실 못 하겠어!"

어른들이 나를 보며 혀를 끌끌 차고 고개를 저었다. 꼬박 2년을 그렇게 앓았다. 그런데 또다시 기적적으로 일어났다.

세 번째 위기는 전염병으로부터 비롯되었다. 평양신학교 재학 중에는 장티푸스로, 평양창동교회에서 전도사로 있을 때에는 뇌염으로 죽을 뻔했다. 당시 둘 다 사망률이 높은 병이었다. 뇌염의 경우, 평양 시내의 많은 젊은이가 이 병으로 죽었을 만큼 위력이 대단했다. 지난 주 성가대에 앉았던 친구들이 다음 주일이면 안 보이곤 했다. 평양 곳곳에서는 죽음의 그림자로 통곡이 끊이지 않았다.

그런데 하필 내가 뇌염에 걸렸다. 하루는 온몸에 열이 나더니 정신을 잃었다. 주사를 맞으면 병이 더 악화된다는 풍문이 있어 주사도 함부로 맞지 못했다. 몸을 움직이지 못한 채 사택에 누워 지내야 했다. 그저 죽음을 기다렸다.

그런데 문득 죽을 때 죽더라도 기도하고 죽어야겠다는 생각이 들었다. 어디에서 힘이 났는지 기어서 기도실에 갔다. 십자가를 바라보자 하염없이 눈물이 흘러내렸고, 급기야 통곡까지 나왔다.

"나의 죄를 다 용서해 주옵소서."

그렇게 회개기도를 한 후, 내 영혼을 받아 달라고 간구했다. 마음이 편해짐을 느꼈다. 이제 죽어도 괜찮다는 생각이 들었다. 다시 엉금엉금 기어서 이불에 몸을 뉘였다. 죽을 순간만 기다렸다.

그때 교회 사택에서 식사를 담당하는 문 집사님이 계셨는데, 어느 날 한의사 한 분을 모셔 왔다.

그분은 침을 놓으면서 말했다.

"그저 하나님께서 특별히 기적을 베푸셔야 나을 것입니다."

그분이 돌아가고 나서 고열로 정신을 잃고 깨기를 수없이 반복했다. 문 집사님이 다시 한의사를 불렀다. 한의사는 단호하게 내게 선포했다.

"전도사님, 예수님 십자가 진 줄 아시고 참으세요."

그러고 나서 머리끝부터 발끝까지 수십 개의 침을 놓은 후 가 버렸다. 그리고 10분이 지났을까. 머리끝에서부터 땀이 나기 시작하더니 온몸에 땀이 흐르기 시작했다. 그리고 기적적으로 열이 떨어졌다. 혼미하던 정신이 맑아지고 몸도 개운해졌다. 기적이었다. 네 번째 위기, 내 목숨은 이렇게 지켜졌다.

이외에도 급성 폐렴으로, 대구영락교회에서는 졸도로, 은퇴 후에는 협심증으로 죽을 고비를 몇 번씩 넘겼다. 한결같이 사망률이 높은 병력으로 내 목숨 값이 매겨졌다. 그럴 때마다 특별히 약을 쓸 수도, 현대 의학의 힘을 빌릴 수도 없었다. 오직 하나님께 의지하고 기도해야 낫는 체험을 하게 하셨다.

이것이 전부가 아니었다. 질병 말고도 하나님의 은혜로 죽음을 피해 간 일이 또 하나 있었다.

어릴 때부터 고등학교에 다닐 때까지 기차로 통학했다. 매일 아침저녁으로 타고 다니는 기차였으나 자리에 앉는 경우는 거의 없었다. 만원일 때는 승하차용 계단에 매달려 타기도 했는데, 결국 사고를 당했다. 기차가 최대 속력을 내고 달리는데 발을 헛디디는 바람에 기차에서 떨어져 버렸다. 몸이 기우뚱하더니 기차 밖으로 날아갔다. 목이 부러지거나 잘못하면 바퀴 밑으로 들어갈 수도 있는 상황이었다. 하지만 잘 떨어져서(?) 논바닥으로 데굴데굴 굴러 처박혔다. 가방 속에 있던 책과 공책은 사방에 다 흩어졌지만 신기할 정도로 뼈가 부러지거나 몸이 상하지 않았다.

또 한 번 죽음의 위기에서 벗어났다. 과연 우연히 또는 운수가 좋았을 뿐일까?

목사를 잡아가지, 전도사를 잡아가겠나?

죽음의 위기는 끝이 아니었다. 일제 강점기 때 일본 군인으로 군대 소집장을 받는 것은 사망진단서나 다름없었다. 특히 내가 소집장을 받았을 때는 소련군이 일방적으로 내려왔던 때라 그들을 방어하는 부대로 배치될 게 뻔했다. 이 말인즉 총알받이가 된다는 거였다.

다시는 돌아오지 못한다며 교인들이 울며불며 먼 거리를 따라와 나를 배웅했다. 나는 소집 장소인 신의주 소학교 운동장으로 갔다. 이미 나와 같은 이들이 많이 모여 있었다. 그런데 갑자기 놀라운 소식이 전해졌다. 예정 시간이 한참 지나서 나타난 일본 장교가 모두 집으로 돌아가라는 것이었다. 일본군이 패망했던 것이다. 신의주 소학교 운동장에서 나는 해방을 맞이했다. 집에 돌아올 때까지 어리둥절하다가 만세 소리를 듣고서야 정신이 돌아왔다. 정말 극적이었다. 입대했으면 죽었을 목숨이 아니던가.

그 이후의 체험은 더욱 강렬했다. 한국전쟁이 나기 전, 나는 평양의 창동교회 전도사로 있었다. 김일성 공산 정부는 교회를 핍박했고, 목사들을 잡아갔다. 나에게도 그들의 마수가 뻗쳐 왔다. 나를 찾는 청년들이 교회로 찾아왔다. 그들은 몇 번이고 나를 찾아왔으나, 용케 그때마다 그 자리에 내가 없었다. 참 묘한 일이었다. 어떻게 계속 어긋났는지. 그때 나는 '오라면 가지 뭐'라는 생각으로 겁내지 않았다. 훗날 알게 된 사실이지만 당시 끌려간 사람은 모두 순교했다. 그렇게 계속 어긋나자 다급해진 그들은 새벽녘에 교회로 들이닥쳤다. 새벽 1시, 문 두

드리는 소리가 요란했다.

"꽝꽝! 꽝꽝꽝!"

나는 당시 창동교회 담임 목사님인 채필근 목사님과 같은 사택에 기거하고 있었는데, 누가 문을 두드리면 대개 내가 문을 열어 주곤 했다. 그런데 그 문소리를 듣는 순간 가슴이 철렁했다. 문을 열어서는 안 될 것 같았다. 서둘러 집사람과 함께 뒷문으로 빠져나왔다. 그리고 다음 날, 채 목사님을 찾아갔다.

"목사님, 아무래도 이번엔 예사롭지 않습니다. 한 주간 자리를 비우겠습니다."

"그렇게 하게나. 그래도 목사를 잡아가지 전도사를 잡아가겠나?"

목사님도 다급함을 아셨는지 허락하셨다. 그 길로 고향인 박천으로 달려갔다. 그러고 나서 이틀 만에 한국전쟁이 발발했다. 평양에 있는 교역자들은 모두 구금되거나 순교당했다.

나는 유엔군이 올라오기까지 집 근처에서 땅굴을 파고 지냈다. 그리고 얼마 후, 평양으로 돌아와 나와 아내, 누이동생과 김두록 목사 내외, 교인들과 함께 남쪽으로 피난을 떠났다. 공산 치하에서는 살 수 없다는 사실을 절감했던 것이다. 그날이 1950년 12월 4일, 찬바람이 매섭게 불고 있었다.

그런데 북한군의 유언비어로 우리는 남쪽이 아닌 해주로 가게 되었다. 해주는 바다 끝이어서 피난민들에게는 죽음의 장소였다. 그곳에 도착하자 헛소문에 속은 피난민들이 많았다. 뒤에는 공산군, 앞에는 바다. 절망적이었다. 홍해를 맞닥뜨린 이스라엘 백성의 심정을 이해할 수 있었다. 절체절명의 위기였다. 우리가 할 수 있는 일이라고는 기도밖에 없었다. 홍해가 갈라지는 그 이상의 기적이 필요했다. 우리는 기도에 매달렸다.

하나님은 바다를 가르지 않고 배를 보내 주셨다. 홍해를 가른 것과 같은 기적의 배는 대한민국 해군 함정 302호였다. 어떻게 해서 배가 그곳에 오게 되었는지는 모른다. 단지 그날 최전방 폭격을 가하려고 했다는 추측뿐이다. 중요한 것은 배가 왔다는 것이고, 그것이 다시 오지 않을 유일한 생명의 길이라는 것이었다. 생각할 틈이 없었다. 나와 김두록 목사는 함장을 만나서 배에 태워 달라고 부탁했다. 그러자 그는 어이없다는 듯이 바라보며 말했다.

"이 배는 피난민을 나르는 배가 아닙니다."

그는 냉정했다.

"저는 평양창동교회 전도사입니다. 평양에서 이곳까지 쫓겨 왔습니다. 대한민국 군인이 싸우는 것은 우리 같은 사람들이 희생당하지 않게 하려고 싸우는 것이 아닙니까? 최전방에서 나라를 위해 싸워 죽는다면 기쁘겠으나, 지금처럼 죽는 것은 너무 억울합니다. 공산주의자들에게 희생된 성직자들의 죽음을 생각해 주십시오. 당신처럼 모두 외면한다면 성직자들은 어디에서 살라는 것입니까?"

간절한 내 마음을 알았는지 함장의 표정이 달라졌다.

"좋습니다. 도와주겠습니다."

그의 말에 우리는 두 손을 잡고 환호했다.

"감사합니다. 함장님과 해군에 하나님의 축복이 임하실 것입니다."

그러자 함장이 이렇게 말하는 게 아닌가.

"저도 크리스천입니다. 누나가 감리교 전도사이고 가족 모두 예수를 믿습니다."

예수를 믿는 이가 적었던 시절에, 이런 곳에서 기독교인을 만난다는 것은 상상할 수 없었다. 그것도 절체절명 위기의 순간에 우리의 목숨을 쥐고 흔들 수 있는 사람이 말이다.

'하나님께서 우리를 살려 주시려고 이곳으로 부르셨구나!'

해군은 주변에 있는 어선들을 줄에 묶고 피난민을 태웠다. 어선이 뒤집어질까 천천히 이끌었다. 마치 홍해를 가르는 기적의 현장과 같았다.

> 이 때에 모세와 이스라엘 자손이 이 노래로 여호와께 노래하니 일렀으되 내가 여호와를 찬송하리니 그는 높고 영화로우심이요 말과 그 탄 자를 바다에 던지셨음이로다 여호와는 나의 힘이요 노래시며 나의 구원이시로다 그는 나의 하나님이시니 내가 그를 찬송할 것이요 내 아버지의 하나님이시니 내가 그를 높이리로다 여호와는 용사시니 여호와는 그의 이름이시로다……여호와여 신 중에 주와 같은 자가 누구니이까 주와 같이 거룩함으로 영광스러우며 찬송할 만한 위엄이 있으며 기이한 일을 행하는 자가 누구니이까 주께서 오른손을 드신즉 땅이 그들을 삼켰나이다 주의 인자하심으로 주께서 구속하신 백성을 인도하시되 주의 힘으로 그들을 주의 거룩한 처소에 들어가게

하시나이다 _출애굽기 15장 1절~13절

내 입술도 이스라엘 백성과 같은 감격에 젖어 하나님을 찬양했다.

함정은 밤새도록 항해한 후 새벽이 되어 강화도에 도착했다. 함정은 그곳에 피난민들을 내려 주었다. 그러나 우리와 김 목사 가족은 함정을 타고 다시 인천 항구로 갔다. 마침 1·4 후퇴로 피난민을 태운 마지막 배가 막 떠나려는 찰나였다. 우리는 허둥지둥 배를 탔다. 아슬아슬함의 연속이었다.

그러나 도착한 기쁨도 잠시, 한동안 항구에는 내리지 못했다. 수천 명이나 되는 피난민을 한꺼번에 받을 수 없었던 것이다. 그렇게 해서 반년 동안 배를 타고 바다를 떠돌았다. 먹을 물이 부족해서 일본에서 물을 실어 오기도 했다.

6개월이 지나 우리가 밟은 땅은 제주도 성산포였다. 배에서 내리던 날을 아직도 잊을 수 없다. 눈발이 흩날리고 있었다. 성산포에서 표촌으로 이동해, 우리 가족은 그곳에서 한겨울을 지냈다.

이런 놀라운 기적으로 지금까지 살아 있는 내가 무엇을 더 바랄 것인가. 나는 불만을 가질 수 없었다. 목회 생활을 하면서 교회와 교인들에게 섭섭한 일이 왜 없었겠는가. 하지만 언제나 고마워했다. 때로는 생활이 어려울 때도 있었지만 그런 상황에서도 불평하지 않았다. 오직 살아 있는 것이 감사인데 더 바랄 것이 무엇이겠는가.

이런 삶의 경험으로 누리게 된 감사의 태도는 목회하는 데 많은 도움이 되었다. 언제나 양보하는 마음을 가질 수 있었고, 그로 인해 크고 작은 위기를 극복할 수 있었다. 하나님이 생명을 통해 나를 가르치신 것이라고 볼 수밖에 없다.

사람을 상하게 하지 않았더니 복을 주신 하나님

새 성전을 봉헌할 때의 이야기이다.

노량진교회에 처음 부임했을 때 교인 수는 150명 정도였다. 대부분의 교인들이 근처 판자촌에서 살아가는 가난한 사람들이었다. 처음에 부임했을 때에는 이런 상황이 암담했으나 이내 맡기신 것만으로도 감사하며 열심히 전도했다. 그래서일까. 날마다 교인들이 늘었다. 교회학교 부흥으로 아이들도 많아졌다. 그러다 보니 교회가 비좁았다. 노량진교회는 일본 사람이 소유한 적산 가옥을 개조한 건물이었는데, 50년 된 건물에 늘어난 교인들을 더 이상 수용하기는 어려운 상황이었다. 새 성전 건축이 시급했다. 그러나 대부분이 가난한 성도들인데 어떻게 성전 건축을 할 수 있을지 걱정이 앞섰다.

그럼에도 새 성전을 건축하기로 마음먹던 차 미국에 가게 되었다. 그리고 그곳에서 스물네 개 교회의 모습을 사진으로 찍어 왔다.

얼마 후, 성전 건축 문제로 교회 건축 경험이 있는 〈정림건축〉의 대표 김정철, 김정식 두 형제 장로를 만나게 되었다. 그들을 만난 자리에서 우선 큰소리부터 쳤다. 건축비는 준비하지도 못한 채 말이다.

"정림에서 설계한 몇몇 예배당을 보니까, 교회 건축에 대한 지식이 부족한 것 같았습니다. 그게 예배당입니까? ○○교회는 역광이다 보니 강대상에서 교인들의 표정이 잘 안 보이고, ××교회는 포로수용소 같고, YY교회 종탑은 왜 있는지……."

꼬투리를 잡듯 건축상의 문제점을 짚자 둘은 황당한 눈치였다. 젊은 목사가 큰소리치는 모습이 얼마나 우스웠을까? 건축에 대해서 뭘 안다고……. 하지만 아랑곳없이 내 말은 계속됐다.

"저는 돈이 없어 설계비를 많이 드리지는 못하지만, 성경적인 교회 건축을 해 보고 싶습니다."

그리고 미국에서 찍어 온 교회 사진을 그들에게 보여주었다.

"바닥은 부채꼴로, 천장은 돔이 아니라 구형으로 하되, 벽을 따로 만들어서 옛날 고딕 벽처럼 네모나게 해 주십시오."

주님을 따라가자는 의미의 행렬형으로 길게 지은 예배당이 아닌, 가족처럼 둘러앉아 서로 친교와 사랑을 나누는 공동체의 의미가 두드러지는 부채꼴 형태의 예배당을 짓자고 주장했다. 단, 천장은 절대로 돔으로 하면 안 된다고 요구했다. 그렇게 되면 체육관이나 공회당처럼 보였기 때문이다. 정림건축에서는 내 요구는 공법상 받아들이기 어렵다고 답했다. 하지만 나는 요구를 굽히지 않았다. 설계 도면을 네 번이나 변경하고 나서야 비로소 지금의 예배당 형태가 갖춰졌다.

설계도가 완성되자 문제가 발생했다. 바로 장로들의 반대에 부딪힌 것이다.

"목사님이 제정신이 아닌 게 분명해. 가난한 교회에서 이런 교회를 짓겠다고?"

그들은 새 성전 건축 규모에 놀라 수군거렸다.

"너무 큽니다."

"우리 살림에 이렇게 교회가 크면 교인들이 시험 듭니다."

장로들의 염려가 내게는 갖가지 핑계로 들렸다. 나는 어떻게 해서든 그들을 설득하고자 했다.

"장로님, 크지 않습니다. 3년 동안 지을 거 5년 안에 짓고, 5년 동안 지을 거 7년 안에 지으면 시험에 들 리 없습니다. 무리해서 앞당겨 짓게 될 때나 시험 드는 겁니다. 그러니 너무 걱정하지 마십시오."

그러나 소용없었다. 좀처럼 합심하지 않던 장로들이 어느새 한마음이 되어 반대했다.

반대할 만한 이유는 갖가지였다. 우선 교인들이 가난했다. 십일조나 건축 헌금을 넉넉히 낼 만한 교인이 없었고, 그나마 경제적으로 안정된 교인이라고는 장교나 교수인데, 그들은 교회 건축에 그다지 관심이 없었다. 그러니 건축 헌금을 어떻게 마련해야 할지 얼핏 계산이 되지 않았다.

강력한 반대에 부딪힌 나는 심각한 고민에 빠졌다. 장로들의 의견을 받아들일 것인지, 아니면 설득할 것인지 하는 갈등이었다. 장로들의 의견대로 규모를 축소하면 설계도상의 균형이 맞지 않았다. 그러나 결국 장로들의 의견에 따르기로 했다.

이런 결정을 하게 된 동기는 '목회는 사람도, 사물도 상하지 않게 하는 것'이라는 목회 원칙 때문이었다. 사물은 사람을 제외한 모든 것으로, 교회 공동체, 규범 등 상황이나 조건을 포함했다.

한 예로, 주일에 나이 지긋한 권사님이 어느 때보다 잘 차려입고서 안내를 하고 있었다. 그런데 한 장로님이 소리 지르며 이렇게 말한 것이다.

"젊은 집사가 안내해야지 왜 나이 든 권사님이 여기 서 계십니까?"

그분은 사람을 중요시하지 않았다. 젊은 집사가 안내 봉사에는 효과적이라고 판단하고, 나이 든 권사님의 진정성을 염두에 두지 않았던 것이다. 바로 이런 경우가 사람을 상하게 하는 것이다.

처음 마음 대로 교회 건축을 진행한다면 예배당은 근사하게 지을 수 있으나 장로들의 마음이 상하게 된다. 반대로 장로들의 의견대로 한다면 예배당이 상하게 될 것이다. 내 목회 원칙에 따른다면, 둘 다 상하지 말아야 했다. 하지만 아무리 애를 써도 조율은 힘들 것 같았다.

이 문제로 다른 목사님들과 여러 번 상담했는데, 대개 흡사한 말들로 충고했다.

"장로들이 몰라서 그러니까 무시해야지. 그들 의견을 매번 따르면 교회가 아무것도 안 돼."

"목사가 기도한 일이니까 믿고 따라오라고 해."

하지만 나는 그럴 수 없었다. 사람을 상하게 하고 예배당을 번듯하게 지으면 뭐하나? 그런 목회는 사업이지 목회가 아니다. 마지막까지 장로들을 이해시키려고 최선을 다해 보았지만 허사였다.

"장로님, 틀림없이 후회하게 될 것입니다. 그때 저를 원망하지 마십시오."

장로들의 요구대로 애초 설계도보다 규모를 축소했다. 우여곡절 끝에 입당 예배를 드렸다. 그 사이 새 성도가 꾸준히 늘어나 입당 예배 때는 자리가 부족했다. 통로에 보조 의자를 준비했지만 많은 성도들이 서서 예배를 드렸다. 건축 기간 얼마나 새 성도가 늘었는지 한눈에 알 수 있었다. 장로님들의 표정에는 후회의 기색이 역력했다.

"장로님, 10년은 내다보지 못하시더라도 2년은 내다보셨어야지요."

"목사님, 교회가 이렇게 부흥될 거라고는 믿지 못했습니다."

처음에는 장로들의 지나친 반대에 무척 화가 났다. 그런데 시간이 흐를수록 그들의 말을 들어준 것은 참 잘했다는 생각이 들었다. 그다음부터는 내가 무슨 일을 진행하든 반대하는 일이 없었기 때문이다. 담임 목사가 기도해서 추진하는 일에 굳이 반대하면 안 된다는 산 교훈을 얻은 셈이다.

장로들을 이겨서 목사의 계획을 밀어붙이는 것은 과시이지 목회가 아니다. 사랑 안에서 이해하고 관용을 가지고 깨닫게 하는 것이 참 목사다운 방식이다.

노량진교회는 성전이 좁은 덕분에 주일에 네 번 예배를 드린다. 교회가 좁고 불편해도 교회가 화목하고 하나 되며, 목사를 신뢰하니 얼마나 감사한가.

전도자에게 내린 작은 선물

나는 자가용이 없다. 원래는 교회에서 내준 차가 있었는데 자주 이용하지 않아 반납했다.

　차가 없으니 주로 택시를 이용하는데, 택시를 이용하는 것이 감사한 이유는 기사 옆에 앉아 말씀을 전할 수 있기 때문이다. 보통 사택에서 시내까지 나가려면 약 30분 정도 소요되는데, 그동안 택시 기사에게 목사라는 신분을 밝히고 대화를 하면서 예수님을 전해 왔다.

　얼마 전의 일이었다. 장춘동 신라호텔에서 열린 행사에 참석했다가 집으로 돌아오던 길이었다. 평소대로 기사에게 목사라는 신분을 밝히고 교회에 나가기를 권유했다. 그러나 전도에 너무 집중했던 탓이었을까. 집에 들어와 주머니를 뒤졌는데 아차 싶었다. 주머니에 있어야 할 보청기가 사라진 것이었다.

　몇 해 전부터 귀가 어두워 보청기를 사용해 왔는데 보통은 배터리 수명 때문에 호주머니에 넣고 다녔다. 택시 기사와 얘기하면서도 바깥 호주머니에 넣었는데 잘못해서 주머니에서 빠진 것 같았다. 이 보청기는 300만 원이나 되는 고가의 외제라서 쉽게 구할 수도 없었다. 예전에 쓰던 것이 있었지만, 성능이 아무래도 많이 떨어졌다. 택시 번호도 모르고 찾을 방법이 묘연했다. 그렇게 열흘 정도가 지나자 보청기를 찾는 일을 포기해 버렸다. 돌아왔다면 벌써 돌아왔을 물건인데, 더는 미련을 두지 않기로 한 것이다.

　그런데 열 사흘째 되던 날, 집에서 몇 명의 목사들과 장로들과 모임 중이었는데, 경비실에서 전화가 왔다.

　"목사님, 며칠 전에 택시에서 놓고 내린 물건이 있나요?"

　"맞아요. 누가 왔나요?"

"택시 기사분이 오셨어요."

택시 기사를 보니 기쁨도 잠시, 의문이 고개를 들었다. 가져오려면 진작 가져오지 왜 이제야…….

"이거 알아보니까 꽤 비싼 거더군요. 그동안 오려고 했는데, 택시가 늘 이곳에 오는 게 아니어서……."

그랬구나. 늦으면 어떤가. 이렇게 와 준 것만 해도 감사했다. 그는 내가 목사라는 단서 하나만 가지고 내가 내린 아파트 단지에서 목사님이 계신 곳이 어디냐고 수소문을 해서 나를 찾았다고 했다. 이 아파트 단지 내에서는 목사라고 하면 나라는 것을 다 아니까 쉽게 찾을 수 있었던 것이다. 너무 고마워서 사례비를 주려고 했더니 거절하며 이렇게 말했다.

"저는 돈을 받으려고 온 게 아닙니다."

"당신이 정직한 것을 칭찬하는 의미에서 드리는 겁니다. 이 사례비는 정당한 것입니다."

그렇게 해서 사례비를 주고 그를 보냈다. 그의 올곧고 선한 마음에 비하면 정말 적은 돈이었지만 말이다. 아직 이런 사람들 때문에 희망이 있다는 것을 느꼈다. 더불어 하나님께서 열심히 전도한 내게 잊지 않고 보상해 주셨다는 생각도 들었다. 만약 내가 목사라는 신분을 밝히지 않고 말씀을 전했다면 택시 기사분이 나를 쉽게 찾지 못했을 것이다. 하나님이 포상해 주신 전도 값이었던 셈이다.

하나님께서는 전도받는 이에게 구원받는 은혜를 주시고, 전도하는 이에게도 보상을 잊지 않으셨다.

비행기 옆자리 사람, 말 걸고 전도하다

나의 무작정 전도와 관련해 잊지 못할 일이 하나 더 있다.

집회를 인도하기 위해 일본에 자주 방문했는데, 비행기 옆자리에 앉은 사람이나 일본 택시 기사들을 대상으로도 전도를 멈추지 않았다.

좀 오래된 이야기인데, 한번은 후쿠오카에서 열린 집회에 참석했다. 일본행에는 곱슬머리에 키가 큰 사람이 내 옆에 앉았다. 중국 사람이라고 생각했는데, 말해 보니 일본 사람이었다. 나는 한국의 목사라고 소개하면서 그와 말을 텄다. 그의 이름은 미네였고, 나이는 54세였다. 그에게 예수님을 아느냐고 물었더니 일생에 한 번도 들은 적이 없다고 했다.

"지금까지 사는 게 재미있었습니까?"

"아뇨. 특별히 재미난 일이 있겠습니까?"

"살아가면서 바라는 게 뭐가 있습니까?"

"뭘 바랄 나이는 아니지요."

삶에 별 의미를 못 느끼는 그에게 비행 내내 예수님을 전했다. 그와 헤어지면서 꼭 교회에 가보라는 말도 덧붙였다.

집회 기간 동안 YMCA에서 머물렀는데, 한밤중에 전화가 왔다. 낮에 헤어졌던 미네였다. 내가 여기에 머문다는 사실을 알려 줬더니 전화번호를 찾아서 전화한 것이다. 보통은 비행기에서 전도한 사람이 전화하는 법이 없는데 조금 신기하고 의아했다. 그는 나에게 '센세이'라는 호칭을 붙여 가며 말했다.

"선생님에게 처음 듣는 것이 많았습니다. 제게 시간을 내주시면 더 많은 이야기를 듣고 싶습니다."

하지만 빡빡한 내 스케줄로서는 도저히 시간을 낼 수 없었다.

"시간을 낼 수가 없습니다. 대신 제가 주소를 알려 드릴 테니 편지를 주십시오. 그러면 제가 꼭 답장하겠습니다."

이렇게 전화를 끊고 바쁜 일정을 마친 후 집에 돌아오니, 그의 편지가 이미 와 있었다. A4 용지 5장에 글이 빼곡하게 가득 차 있는 편지였다. 앞의 한 장은 한일 관계에 대해서 썼는데, 내가 한국인이기 때문에 자신을 잘 대해 주지 않을 것으로 생각한 것 같았다. 그리고 나머지는 천주교 신부에게 고해성사하듯 자신에 대해 썼다. 자신은 경도대학을 나와서 큰 회사의 중견 간부이며, 80세 되는 부모님께서는 건강하게 살아 계시고, 재산도 어느 정도 있으며, 아내와 아들딸 두 명이 있다고 소개했다. 나는 그에게 이렇게 답장했다.

"한일 문제는 당신이나 내가 해결할 수 없는 문제입니다. 내가 당신을 대하는 것은 한국인으로 일본 사람을 대하는 것이 아닙니다. 같은 하나님의 자녀이고 형제로서 대하는 것입니다. 그러니 한일 문제로 생기는 마음에 대해서는 신경을 쓰지 않아도 됩니다. 하나님의 자녀로 피차 다정하고 유익하게 대화했으면 좋겠습니다. 편지를 읽어 보니, 내 눈으로 볼 때 당신은 하나님께서 주시는 복을 다 받은 분입니다. 부모, 자녀, 재산, 좋은 대학, 직장 등 뭐 하나 부족한 것이 없습니다. 그것은 지금까지 당신이 만든 게 아니라 하나님이 주신 복입니다.

그런데도 당신의 글을 보니 당신에게는 만족이 없습니다. 왜 그런가 하면, 지금까지 당신이 가진 시간과 노력을 현세적, 육체적, 현실적인 것에만 사용했기 때문입니다. 당신은 당신의 영적 문제, 인생의 본질에 그것을 사용한 적이 없습니다. 인생은 밥만 잘 먹으면 편안하게 살 수 있는 것이 아닙니다. 우리는 동물이 아니기 때문이지요. 그동안 당신은 잘못된 방향으로 살아온 것입니다. 따라서 잘못된 방향을 바로잡게 되면 당신은 진정으로 행복해질 수 있습니다."

편지를 받은 미네 씨는 바로 전화를 했다.

"정말 고맙습니다. 편지를 읽고 깨달은 것이 있습니다. 일본에 언제 오십니까? 꼭 만나 뵙고 싶습니다."

마침 양형춘 목사가 있는 경도교회에서 집회를 인도해야 했기에 그에게 그곳으로 오라고 부탁했다. 그는 나를 마중 나왔고, 집회 내내 설교를 들었다. 그뿐만 아니라 호텔까지 따라와서 밤새도록 예수님에 대해 물었다. 내가 집회 인도를 위해 일본을 갈 때마다 계속 나를 따라다녔다. 그러다 그에게 변화가 찾아왔다.

그가 예수를 믿겠다는 것이다. 나는 혼자서는 신앙생활을 할 수 없으니 후쿠오카의 교회를 정해 예배를 드리라고 권면했다. 그러자 그는 난감해했다.

"교회를 다 다녀 보아도 일본에서는 선생님같이 말씀하시는 분이 없습니다."

어쩔 수 없이 그를 후쿠오카 교회에 있는 최정강 목사에게 소개했다. 마침내 미네 씨는 그곳에서 세례를 받고 신앙생활을 시작하게 되었다.

그는 한글을 배워 내게 서툰 편지를 보내기도 했다. 그러나 그의 신앙생활은 오래 가지 못했다. 후쿠오카의 교회에서 싸움이 일어난 게 원인이었다. 그는 매우 실망해서 내게 물었다.

"하나님을 섬기는 사람들이 별것도 아닌 것을 가지고 왜 싸우나요?"

"하나님은 변함이 없지만, 세상에서 온갖 때 묻은 사람들은 교회에서도 변하지 않아 싸울 수도 있는 거다. 부부싸움과 같은 것으로 생각하라."

하지만 그는 결국 충격을 이겨내지 못하고 더는 교회에 가지 못했다.

하나님이 그 사람을 비행기 내 옆자리에 두지 않았다면, 내가 그에게 말씀을 전하지 않았다면, 그가 어떻게 예수님을 알게 되었을까.

일본 사람들은 전도를 하지 않는 편이다. 자랄 때부터 '메이와꾸'라고 해서 시끄럽게 하거나 남에게 폐를 끼치지 말라고 교육받기 때문에 전도 역시 남을 귀찮게 하거나 방해하는 것으로 생각한다. 이들은 전도하는 것에 대해 자의가 중요하지 왜 억지로 교회에 나오라고 하느냐고 비난하기도 한다. 그런 사람들을 만날 때마다 물에 빠져 급한 사람에게도 '메이와꾸'가 해당되는 것이냐고 핀잔을 주는데, 그런 문화적 차이를 극복하는 게 쉽지 않은 일인 것 같다.

어쨌든 나는 지금도 비행기든 기차든 택시든 옆자리에 앉은 사람에게 전도한다. 미네 씨처럼 누가 말씀으로 변화될지 모르기 때문이다. 때를 얻든지 못 얻든지 전도에 힘써야 한다. 한 생명을 구한 기쁨보다 더한 감사는 없기 때문이다.

용기와 희망을 불러일으키는 촉매제, 감사!

하나님께 감사드릴 때 우리는 주어진 환경이 내가 원하는 대로 되었을 때에만 감사하기 쉽습니다. 그런데 성경은 범사에 감사하라고 하였습니다. 하나님의 말씀에 조금만 더 귀 기울인다면 우리는 범사에 감사할 수 있습니다. 잘된 일에 감사하는 것이 아니라 잘 안 된 일이나 실패한 일, 고통스러운 일에서도 감사할 수 있습니다. 그 일들을 통하여 의미를 찾고 배우고 깨우치기만 한다면 궂은일이나 아픈 일 속에서도 감사할 수 있습니다.

아들에게 감사를 배운 적이 있습니다. 아들이 뇌졸중으로 17살에 쓰러져서 12일간 의식불명으로 있다가 깨어났습니다. 하나님의 은혜로 목숨을 건졌습니다. 깨어난 후 의식이 돌아오고 조금씩 회복되었지만 반신을 쓸 수 없는 장애인이 되었습니다.

재활치료를 위해 휠체어를 타고 병실에 있을 때 아들을 위해 자원봉사하는 여자 집사님이 있었습니다. 어느 날 아침, 그분이 병원에 들어서는데 휠체어에 앉아 있던 아들이 사용할 수 있는 왼팔을 들어 올려 손을 흔들며 인사하였습니다. 그러자 집사님이 아침부터 무슨 일인가 의아해하며 아들을 바라보았습니다.

아들이 다시 말하였습니다.

"집사님, 두 손을 들어 보세요. 흔들어 보세요. 감사하세요."

그러자 그분은 알아차렸다는 듯 웃음 띤 얼굴로 두 손을 흔들며 감사하다고 인사하였습니다.

아들은 한 손만 사용할 수 있어도 감사하다고 하였습니다. 사실 아들이 쓰러졌다가 깨어났을 때 비관하면 어쩌나 싶어 아픈 마음이 있었습니다. 그런데 아들은 오히려 하나님께 감사하는 것이었습니다.

_한번 안아 주세요 | 박유주 지음 | 중에서

06 광야에서 이룬 목회철학, 스펀지 목회

종군기자, 장교, 시인인 우리들의 목사님

김순권 목사

경천교회 담임으로 기독교 문단의 대표적 시인인 김순권 목사는 경희대학교 영문과를 졸업하여, 장로회신학대학교, 컬럼비아 선교대학원에서 공부하고, 샌프란시스코 신학대학원에서 목회학 박사를 받았다. 한국기독교교회협의회 회장과 대한예수교장로회 통합 총회장을 지냈으며, 대한성서공회 이사장으로 재임 중이다.

월간 『한국시』에 서정주 선생의 추천으로 등단, 한국기독교문인협회 이사이기도 하며, 시집으로는 『그래도 그 손길 이루어』, 『빛을 향하여 집짓기』 외 여러 권이 있다. 관악문화상, 한국기독교문학상을 수상하였다. 신문에 연재된 '스펀지 목회' 이야기로 주목을 받아 『스펀지 목회를 말한다』, 『스펀지 목회 이야기』를 출간하였다.

06

　소망을 품고 온 경천교회를 처음 대하는 순간, '주여!' 하는 부르짖음이 절로 나왔다. 달동네 산비탈에 서 있는 교회를 보자 가슴 한쪽이 작아지는 듯했다.

　세상에 이런 교회가 있다니. 교회 건물은 그런대로 괜찮았으나, 교회 터에 문제가 있었다. 교회가 들어설 자리가 아닌 것을 한눈에 알 수 있었다. 어떻게 이제야 보게 된 것인지.

　80년대 봉천동. 짐작할 수 있을 것이다. 삶이 고단한 사람들, 가난한 사람들이 모여 사는 동네. 이곳에서 복음을 전하고 날마다 전도해야 하는 것이다. 게다가 교회 안 사택을 보니 군목 시절 살았던 허름한 집이 근사하게 느껴질 정도였다. 설상가상 사택에는 물도 나오지 않았다. 이것이 끝이 아니었다.

　밤이 되자 사택 천정은 쥐들이 들락거리는 통에 밤새 시끄러워 잠을 이룰 수 없었다. 걸핏하면 도둑이 들어 쓸 만한 물건들이 없어졌다. 동네 사람들은 이웃의 아무개 짓이라며 험담을 서슴지 않았다. 그런 이웃 사람들의 태도 역시 불편하기만 했다.

그저 전임자가 존경스러울 뿐이었다. 그리고 나를 이곳에 부른 엄 장로님이 은근히 원망스러웠다.

탄탄대로였던 인생

경천교회와 인연을 맺어 부임하게 된 해는 1980년. 잘 나가던 군인 목회자였던 내가 이 교회에 올 것이라고는 꿈에도 생각하지 못했다. 민간 목회를 할 만한 상황이 아닌 내게 담임 목사로 사역지를 주신 하나님의 일하심이 기이할 뿐이었다.

> 내가 주께 감사하오음은 나를 지으심이 심히 기묘하심이라 주께서 하시는 일이 기이함을 내 영혼이 잘 아나이다 _시편 139편 14절

이 시편의 말씀처럼 나를 지으심이 기묘하고 주께서 하시는 일이 기이함을 확신했다. 군 전역도 안 한 내가 어떻게 민간 교회를 맡겠는가. 더구나 나는 여러모로 부러워할 만한 군종 장교인 군목이었다.

나는 유독 만남의 축복이 많았다. 고등학교 1학년 때 취득한 속기사 자격증 때문에 고등학생임에도 불구하고 거창고등학교 속기사 교사로 부임하게 되었다. 그리고 그곳에서 교장 선생님의 인도로 예수를 영접

했다.

그리고 교장 선생님의 영향력으로 장로회신학대학교에 입학하고, 거기서 교수님의 조언으로 경희대에 편입하여 졸업 후에는 기독교 잡지사에서 기자로 근무했다. 군종으로 입대한 나는, 마침 월남전이 발발하자 기자 출신 군목의 자격으로 종군기자로 지원했다.

불신자 가정의 가난뱅이가 예수를 구주로 영접하여 대학을 졸업하고 종군기자로 월남에 가게 된 것이다.

월남에서는 또다시 만남의 축복이 이어졌다. 미군의 군목 월프 소령과 교제하면서 영어를 자유롭게 구사하는 행운을 얻은 것이다. 그것이 계기가 되어 복귀 후 육군 본부에서 미 8군 연락 장교로 근무하며 4년을 보냈다.

하나님의 인도하심은 계속되었다. 초특급으로 승진한 나는 39세에 중령으로 진급했다. 육사 생도보다 더 빠른 진급. 보기 드문 일이었다. 더구나 육군 본부 한 장교의 도움으로 미국 컬럼비아 선교대학원에서 신학 석사 과정에 위탁 교육생으로 가게 되었다.

한국에 돌아오자 복이 복을 더했다. 이런 은혜가 또 있을까 싶었다. 육군 3사관학교 교수로 재직 중 12·12사태가 일어났다. 이 사건의 주도 세력인 학교장이 계엄사령관이 되면서 별을 하나 더 달아 4성 장군으로 3군 사령관이 되었다. 학교장은 나를 무척 신뢰하였기에 나의 군 생활은 탄탄대로일 수밖에 없었다.

하나님을 믿은 덕에 내 인생은 누가 뭐래도 탄탄대로였다. 그러나 인생의 수레바퀴는 전혀 예상하지 못한 방향으로 굴러가고 있었다.

엄 장로님과의 만남, 인생의 전환점이 되다

"목사님, 안녕하세요. 경천교회의 엄 장로입니다."

"네. 안녕하세요. 잘 계시죠?"

한 통의 전화가 삶의 전환점이 될 줄 몰랐다. 우연한 기회에 인연을 맺었던 경천교회 엄 장로님. 그분의 전화였다. 전화로 목소리를 들으며 엄 장로님의 얼굴을 떠올렸으나 잘 기억나지 않았다. 한 번 스친 정도의 만남이었기 때문이다.

경천교회에서 목사 안수를 받을 때였다. 나는 관악노회 소속 군목이어서 경천교회에서 열린 노회에서 안수를 받아야 했다. 김삼환 목사님과 함께 14명이 안수를 받는 자리였다. 그때 본 경천교회는 그저 잘 지어졌다고만 생각했다. 당시 민간 목회에 관심 있을 때가 아니어서 민간 교회의 사정에 대해 잘 몰랐다. 경천교회 주변이 어떤 곳인지 무관심하게 지나쳤다. 그러나 나중에 생각하니 하나님이 보여도 볼 수 없게 만드신 듯했다.

그런데 바로 그 교회 엄 장로님이 내게 연락한 것이다. 무슨 일인지 매우 궁금했다.

"무슨 일이신지요?"

"저희 가정에서 매주 몇몇 목회자를 모시고 성도들이 모여 예배를 드리는데 설교를 좀 해 주셨으면 해서요."

대화하면서 참 신실한 분이라는 느낌이 들었고, 매주 가정에서 예배를 드린다고 하니 감동이 되었다. 또한 몇몇 목회자도 오신다고 하니 관계를 맺을 기회가 될 것도 같았다. 그리고 목회자로서 거절할 이유도 없었다. 망설임 없이 그렇게 하겠다고 했다.

그날, 설교를 끝내고 간단한 다과를 나누며 평안한 교제를 나누었다. 그야말로 별일 없이 예배를 마쳤다. 그런데 별일이 없던 게 아니었다. 하나님은 그 시간을 예비하셨다. 그리고 그것으로 내 인생을 바꾸는 작업을 하셨다.

며칠 후, 엄 장로님과 다시 만나는 자리가 생겼다.

"저희 교회를 맡아 주십시오."

엄 장로님은 나를 만나자마자 말했다. 무엇이 그리 다급했는지 말이다. 나는 한 번도 민간 목회를 해 본 경험이 없었다. 그런 나에게 교회를 맡아 달라는 것이었다.

"장로님, 며칠 생각할 시간을 주십시오."

하지만 곧 내 인생의 큰 전환점이 될 이 청빙을 수락하고 말았다. 주도면밀한 내가 이것저것 따져보지도 않고 이를 수락한 것은 좀처럼 드문 일이었다. 지금에 와서 생각해도 이해가 되지 않는다.

"나도 이제 담임 목회를 시작하는구나!"

이런 생각과 함께 큰 교회에서 설교하는 내 모습이 그려졌다. 그야말로 장밋빛 미래만 보였다. 다른 생각은 없었다. 침착하고 세심한 아내마저 마찬가지였다. 아내는 지나가는 말로 종종 이렇게 고백하곤 했었다.

"내가 사모 되려고 당신과 결혼했지, 군인의 아내가 되고 싶지는 않았어요."

아내의 고충을 이해할 만했다. 군목도 군인이었다. 군인은 근무지를 따라 이동이 잦았고, 아내 혼자 집에서 지내는 시간이 많을 수밖에 없었다. 그러니 아내도 민간 교회의 사모가 된다는 생각에 조금은 반가운 눈치였다. 아내와 나는 내심 기다리던 목회의 꿈 앞에 아무것도 보이지 않았다.

애굽에서 나와 광야에 선 목회자

간과한 것은 한두 가지가 아니었다. 미국 컬럼비아 선교대학원에서 위탁 교육생으로 2년간 공부한 덕분에 전역 기간이 아직 남아 있는 상태였다. 따라서 나는 전역을 하지 않은 상태에서 민간 교회 담임을 수락한 것이다.

결국 군목과 민간 교회의 담임 목회를 병행해야 했는데, 이것은 명백히 근무 규정 위반이었다. 군에서는 난리가 났다. 보안사에 끌려가 조사를 받은 것도 모자라 나중에는 내가 몰고 간 차를 위병소에서 들여보내 주지도 않았다.

세계 기독장교대회의 유치를 위해 영국에 다녀오면서 3군 사령관에게 전역할 의사를 밝혔더니 노발대발이었다.

"왜 그만두겠다는 거지?"

화낼 만도 했다. 나를 무척 아끼던 그분은 그동안 내게 갖가지 배려를 해 주셨다.

또한 나중에 알게 된 사실이지만, 군 경력 20년이면 평생 연금을 받는데 1년 6개월만 더 근무하면 노후가 보장되어 있었다. 당시 장교 수당이 매우 높았으므로 경천교회 목사 사례비에 비교할 수 없을 정도였다.

그러니 계산적이고 약삭빠른 내가 아무런 계산도 없이 담임 목회를 선택하게 되었는지 정말 이해할 수 없었다.

경천교회에 오게 된 배경은 이처럼 남달랐다. 어쨌거나 내가 쉽지 않다는 민간 교회 목회자를 굳이 선택할 이유는 없었던 것이다. 민간 교회 실정에 거의 무지한 상태이기에 마냥 긍정적으로만 바라보았고 교회면 다 좋은 줄 알던 나로서는 엄 장로님의 제안이 고마웠다. 모태 신앙도 아니고, 누구 하나 기도해 줄 만한 주변인도 없던 처지였다. 오히려 일반 목회 경험이 없는 나를 담임 목사로 불러 준다는 사실만으로도 기쁘기만 했으니 이상할 노릇이었다.

이렇게 숙맥이었던 나와 아내는 엄 장로님의 권유에 서둘러 집을 정리하고, 경천교회 사택으로 이사했다.

환상이었을까. 대형 교회에서 설교하는 내 모습이 보였고, 봉천동으로 밀려드는 교인들 때문에 경찰이 나서서 교통 정리하는 장면이 비디오 영상처럼 펼쳐졌다.

하지만 하나님은 그런 생각을 교만하다는 듯 하나하나 깨뜨리셨다. 봉천동 달동네 풍경을 바라보면서 깨지고, 물이 안 나오고, 쥐가 돌아다니는 사택에서 깨졌다. 교통순경을 세우는 것은 고사하고, 전도나 가능할지 걱정해야 했다.

사택에서의 첫날 밤, 잠이 오지 않았다. 후회가 밀려들었다. 왜 교회 주변을 눈여겨보지 않았을까. 아내와 나는 이 상황을 어찌하지 못하고 그저 서로 바라보기만 했다. 밤새 천장에서 '찌지직'하고 우는 쥐 소리는 왜 그렇게 크게 들리는지.

게다가 경천교회의 행정은 당신이 봉헌했다는 이유 탓인지 엄 장로님이 사사건건 개입하고 주장하고 있었다. 목회자를 세우기도 하고 내보내기로 하고, 목사가 해야 할 심방을 대신하기도 했다. 9년 된 교회사에 전임 목회자가 네 번 바뀌었다. 역시 문제의 핵심에는 엄 장로님이 있었다.

어떤 목회자에게도 결정권이 없었다. 그의 마음에 들지 않으면 바로 짐을 싸야 했다. 이 사정을 아는 소속 노회 목회자들의 염려는 한결같았다. 어쩌다 그런 교회를 가게 됐느냐며 걱정하는 소리가 컸다. 왜 이제야 그런 말을 해 주는지! 야속했다. 그래도 다 하나님의 뜻이 있으려니 생각했다. 하나님이 내게 주신 것이니 인도하심이 있으리라고 믿었다.

그 시간은 내 삶의 출애굽이었다

부임하고 몇 주 지난 어느 주일, 예배를 마쳤을 때였다. 엄 장로님이 나를 불렀다.

"목사님은 군대식이라서 설교가 너무 딱딱합니다. 그렇게 설교하시면 안 됩니다."

그 후 엄 장로님은 계속 내 설교를 문제 삼았다. 어떤 때는 목소리가 지나치게 크다고 하고, 작으면 힘이 없다고 했다. 하지만 이것은 빙산의 일각이었다.

시시콜콜 내 일에 반론을 제기하기 시작했다. 거기에다가 사택이나 사례비 문제 역시 내 기분을 더욱 참담하게 했다. 모든 문제가 한꺼번에 불거졌다.

마침내 그분에게 속았다는 생각이 들고 미움이 생겼다. 갖가지 후회가 밀려왔다. 마치 이스라엘 백성이 광야 생활을 하면서 애굽을 그리워하는 모습과 똑같았다.

> 이스라엘 자손이 그들에게 이르되 우리가 애굽 땅에서 고기 가마 곁에 앉아 있던 때와 떡을 배불리 먹던 때에 여호와의 손에 죽었더라면 좋았을 것을 너희가 이 광야로 우리를 인도해 내어 이 온 회중이 주려 죽게 하는도다 _출애굽기 16장 3절

그러나 군대는 애굽처럼 나를 온전히 거듭나게 하는 데 한계가 있었다. 만약 군목으로 계속 있었다면 나는 틀림없이 겉멋만 가득한 목회자가 되었을 것이다. 그 시간은 내 삶의 애굽 생활이었던 것이다.

광야에서 애굽으로 돌아갈 수 없는 이스라엘 백성처럼 나 역시 돌아갈 수 없는 군목 생활, 하나님께서 이미 돌이킬 수 없도록 예비하신 것이 분명했다. 하나님의 시간표 속에는 군대에서 내가 나오는 것이 기

정사실이었을 테니까.

그런데 그처럼 준비된 목회라면 기쁘고 행복해야 하지 않겠는가. 그런데 고난의 연속이었다. 사사건건 갈등이 생겼고, 조금이라도 설교 시간에 큰소리치면 기가 센 군인 목사라며 비난했다. 경천교회, 이 광야는 나를 끝없이 시험하고 있었다.

나는 벼랑 끝에 있는 듯 점점 페이스를 잃어 갔다. 모든 마음이 엄 장로님을 향한 미움으로 곤두섰고, 그로 말미암은 하나님의 질책인지 결국 우울증이 찾아왔다.

강대상이 싫고, 엄 장로님이 싫었다. 마음 같아서는 그의 멱살이라도 잡고 싶은 심정이었다. 목회자가 성직자이기는커녕 자칫 범죄자가 될 지경에 이르렀다.

더 이상 참을 수 없었다. 군인이었던 나는 목사의 본분을 망각하고 무슨 짓이든 하겠다는 심정으로 엄 장로님에게 전화했다. 한 번 본때를 보이리라는 각오였다.

"지금 찾아뵈려고 하는데 괜찮겠습니까?"

늦은 시각에 전화한 것이 이상할 만했으나 별다른 질문이 없었다. 엄 장로님은 평소대로 그러라고 했다. 흑심을 품은 내 마음을 눈치 채지 못했다.

그의 집에 들어서자 잠옷 차림의 엄 장로님이 나를 반겼다. 그의 얼굴을 보는 순간 참았던 분노가 쏟아져 나왔다. 반갑게 맞이하는 그의 모습이 더욱 나를 화나게 했다. 다짜고짜 소리치며 말을 내뱉기 시작했다.

"장로님, 내가 이 집에 왜 온 줄 아십니까? 장로님이 괴롭혀서 왔습니다. 세상에 목회자를 괴롭히는 장로가 어디 있습니까? 그런 장로가 장로입니까? 지옥 가기 전에 회개하세요!"

나의 고함에 엄 장로님은 어리둥절하더니 사태 파악을 했는지 금세 태도가 돌변했다. 스스로 자신의 멱살을 잡더니 방바닥을 뒹굴었다. 그러더니 누가 죽이기라도 하듯 소리쳤다.

"아이고 하나님, 엄 장로 죽습니다."

나 원 참! 나는 그 모습을 보고 어이가 없어서 그대로 돌아 나왔다. 집으로 돌아오니 속이 후련했다.

그러나 그 시원함은 잠시뿐이었다. 밤이 깊어질수록 걱정이 되어 잠이 오지 않았다. 목사의 본분을 망각한 것에 대한 자책감으로 괴로웠다. 당장 장로님을 어떻게 대해야 할지 막막했다. 이러다가 함량 미달인 목사로 지목될지도 모를 일이었다.

아내에게 말할 수도 없었다. 밤새 속병을 앓다 새벽예배를 위해 교회에 갔다. 장로님은 예배에 나오지 않았다. 어떤 예배도 빠지는 법이 없는 분이었는데……. 심장이 덜컥 내려앉았다. 그 주일에도 장로님의 모습은 보이지 않았다. 그 후로도 한동안 교회에서 그를 만날 수 없었다. 아무도 장로님을 보지 못했다. 그분만 아니라 자녀들도 나오지 않았다. 교회가 텅 빈 것 같았다. 교인들은 무슨 일이냐며 수군거렸다.

그렇게 3주가 흘렀다. 그 시간은 내게도 고역이었다. 밥을 제대로 먹을 수 없을 만큼 마음 고생이 심했다. 그러자 아내가 물었다.

"당신, 도대체 왜 그래요? 무슨 걱정 있어요?"

우울증에다가 식사도 제대로 못하니 아내는 매우 걱정스러워 했다. 어쩔 수 없이 아내에게 엄 장로님과 있었던 일을 고백했다. 그러자 아내의 표정이 굳었다.

"목회자가 교회에서 군기 잡을 일 있어요? 더구나 아버지뻘 되는 분에게? 찾아뵙고 사과하세요."

내 나이 서른아홉의 일이었다. 엄 장로님은 환갑이 넘었으니 아들이 아버지에게 꾸짖은 것이나 다름없었다. 아내의 권유가 옳았다. 나는 곧바로 엄 장로님을 찾아갔다. 그러나 나를 만나 주지도, 문을 열어 주지도 않았다. 이대로 포기할 수 없었던 나는 몇 번이고 문을 두드렸다. 결국 만나는 것은 허락하였으나 내 얼굴을 쳐다보지도 않았다. 몸을 돌리고 앉아 계셨다. 나는 개의치 않고 무릎 꿇고 사과했다.

"장로님, 제가 잘못했습니다. 이제 마음 돌리고 용서해 주십시오."

진심으로 말했다. 처음에는 거절하던 장로님이 돌아앉더니 내 손을 덥석 잡았다.

"목사님, 목사님 말이 맞았어요. 저 좀 천국에 보내 주세요."

이 말을 듣는 순간, 그동안 장로님의 마음고생이 얼마나 심했는지 알 수 있었다. 천국 갈 수 없다는 말이 장로님에게는 치명적이었다. 가장 두려운 일이었다. 고집이 세서 그렇지 장로님만큼 신실한 분도 없었다. 그동안 젊은 목회자로부터 그런 대접을 받은 적도 없었을 것이고, 목회자가 그렇게 화내는 모습도 보지 못했을 것이다. 게다가 목회자에게 '지옥 간다'라는 말을 들었으니 얼마나 힘들었을까. 그날, 장로님과 나는 서로 붙잡고 기도하며 마음을 나누었다.

광야에서 이룬 목회철학, 스펀지 목회

"장로님, 지금 집 앞으로 나오십시오."
"어디 가시는데요?"
"저하고 갈 데가 있습니다."

전역을 앞둔 어느 날이었다. 장로님과 화해한 후 장로님과 더욱 친밀해지기 전략으로 바꾼 뒤였다. 앞으로 목회하면서 무리수가 없으려면 장로님의 후원이 필수임을 인정해야 했다. 장로님 성품에 맞추어 대화를 나누는 것이 무엇보다 중요했다. 나의 목회 향방은 바로 장로님의 지지 여부에 달려 있었다. 이는 경천교회 교인 누구도 쉽게 아는 사실이었다.

오랜 군대 생활에서 익힌 처세를 발휘하기로 했다. 군대에서 상관이 바둑을 좋아하면 바둑을 배웠고, 낚시를 좋아하면 낚시를 해야 했던 시절이 있었기 때문이다. 그러니 장로님 마음에 드는 행동을 하는 일은 그리 어렵지 않을 듯했다.

일단 장로님의 좋아하는 음식이 '해물탕'임을 안 나는 서울에서 가장 유명하다는 말죽거리의 안양 해물탕집으로 장로님을 안내했다. 담임목사가 손수 안내하는 터라 장로님의 기분이 꽤 유쾌해 보였다. 식사하는 도중 슬그머니 일어난 장로님은 음식값을 지불했다. 이를 짐작하지 못했던 나는 화들짝 놀랐다.

"아니, 장로님이 계산하시면 어떡합니까?"

장로님은 아무 답변 없이 웃으시면서 내 귀에 속삭였다.

"언제든지 해물탕이 생각나시면 전화 주세요!"

역시 장로님다웠다. 기분 좋은 장로님은 내게 어딘가로 함께 갈 것을 권했다.

"올 때는 목사님 마음대로 오셨지만, 갈 때는 목사님 마음대로 못 갑니다."

차를 장승백이로 돌리더니 '유일 나사'라는 양복점 앞에 정차시켰다. 그러더니 장로님은 다짜고짜 나를 그 안으로 이끌었다. 양복점 주인장은 기다렸다는 듯이 내 몸의 치수를 재기 시작했다. 장로님이 미리 전화해 이미 내가 방문할 것을 알고 있던 것이다. 한 방 맞은 기분이랄까.

장로님의 멋진 해프닝은 나를 당황스럽고 부끄럽게 했다. 좁은 소견으로 장로님을 다루려고 했던 불찰을 회개했다.

그러면서 목자는 섬기는 자가 되어야 함을 깨달았다. 목자의 몫은 목자의 기분에 누군가를 맞추는 것이 아니라 목자가 누군가의 기분을 좋게 만들어야 한다는 것을. 남을 먼저 대접하고, 그러기 위해서는 사랑의 은사가 필요하다는 것을 말이다.

이 일로 나의 목회 방향은 전환점을 맞았다. 내 목회는 '딱딱한' 목회가 아니라 '부드러운' 목회여야 했다. 그 후 엄 장로님은 내가 미국에서 박사학위까지 취득할 수 있도록 후원해 주셨다.

한번은 논문을 위해 설문 조사를 한 적이 있었는데, 한국에 있는 장로들을 대상으로 전역한 군목을 목회자로 청빙하겠느냐는 설문이었다. 결과는 목회자로 받아들이지 않겠다는 답변이 대다수였다. 그 이유는 너무 딱딱하고, 목사를 상관 모시듯 하고 싶지 않다는 거였다.

나는 군대 전역자로서 참 특이한 경험을 한 셈이다. '딱딱한' 목회와 '부드러운' 목회라는 상반된 두 가지 경험을 나만큼 실감나게 체험한 사람도 없었다. 이 체험을 통해 신문에 '스펀지 목회'라는 칼럼을 쓰고, 많은 목회자에게 도움을 줄 수 있었다.

스펀지는 부드럽지만 찢어지지도, 깨지지도 않는다. 물을 부으면 물을 그대로 흡수한다. 하지만 물을 짜내면 원래대로 다시 돌아온다. 목회를 하면서 많은 스트레스를 받지만 사랑의 은사를 받으면 모든 것을 이해할 수 있다. 스트레스가 물처럼 뿌려져도 사랑으로 짜내면 금방 회복된다. 그런 스펀지 같은 목사가 되는 것, 이것이 '스펀지 목회'이다.

목회자에게는 검사형 목회자와 변호사형 목회자가 있다고 한다. 검사형은 교인들의 잘못을 추궁하지만, 변호사형은 보호한다. 그럴 수밖에 없었다고 변명해 주는 것이다. 나는 그때의 경험을 통해 변호사형 목회자, 부드러운 목회자가 되어야 한다고 생각했다. 그리고 그것이 지금의 목회 형태의 줄기가 되었다.

장로님을 통해 스펀지 같은 목사가 되겠다고 결심한 나는 곧바로 한얼산기도원으로 달려갔다. 목회를 하면서도 기도 응답 체험이 없었다. 방언 은사도 받지 못한 터였다. 하나님께 간절히 구하고 싶었다.

군대에 계속 있었다면 아마 직업적인 목회자로서 삶에 안주하며 살았을 것이다. 그랬다면 지금과 같은 깊은 깨달음과 하나님이 함께하시는 복 받는 인생을 살 수 없었을 것이다.

엄 장로님은 하나님이 내게 보내 주신 분이다

내게 거슬리는 일 중 하나는 방언으로 하는 통성 기도였다. 특히 금요 심야기도 때에 강대상에서 십자가를 바라보며 기도하는데, 십여 명의 성도들이 소리 내서 하는 방언 기도는 내 뒤통수를 때리는 것 같았다. 나는 왜 그렇게 시끄럽게 기도하는지 못마땅해 하며 민감하게 반응했다.

목회 처음에 나는 방언 은사나 기도 응답은 중요하게 생각지 않았다. 조리 있게 설교만 하면 되는 줄 알았고 기도에 대한 확신도 없었다. 그리고 조용히 묵상하는 것이 기도라고 생각했다. 더구나 엄 장로님으로부터 홀대를 받아 우울증으로 눌려 있을 때 영적으로 충만한 성도들이 알아듣지도 못하는 말로 시끄럽게 기도하는 소리는 내 마음을 불편하게 하기까지 했다. 성령 체험 없는 목사가 당연히 겪을 만한 일이었다.

하지만 한얼산기도원에 가서 비로소 기도다운 기도를 하고 방언 은사를 받게 되자, 어둠에서 빛으로 나온 듯 세상이 달라 보이고, 인식의 범위가 달라졌다.

그때 나는 한얼산기도원에서 오늘날 목회의 방향을 잡았다고도 할 수 있다. 남을 대접하고, 기도하는 목회자로 서게 된 것이다. 그 후로 기도하는 시간이 두렵지 않고 기도하는 목회자로 변했다. 그뿐만 아니라 매일 새벽기도 후 1시간 동안 보라매공원에서 묵상하며 목회 방향을 설정했다. 기도는 체험도 중요하지만 묵상하는 것이 생활화되어야 한다고 믿었기 때문이다.

> 세상에 사는 동안 우리는 시험과 환난을 피할 수 없다. 욥기에 기록되어 있는 것처럼 "이 땅에서의 우리의 인생은 전쟁과 같다." 그렇기 때문에 우리는 우리가 당하는 시험에 대해 주의해야 하고 또 관심을 가져야만 한다. 우리는 사탄에게 우리를 속일 기회를 주지 않기 위해서 기도에 깨어 있어야 한다. 왜냐하면 사탄은 결코 자지 않고 '삼킬 자를 찾아 두루 다니기' 때문이다. 이 세상에는 시험을 받지 않아도 될 만큼 거룩한 사람은 한 사람도 없다는 사실을 명심하라. 우리는 결코 시험에서 자유할 수가 없다.
> _토마스 아 켐피스Thomas a Kempis의 『그리스도를 본받아』 중에서

그동안 목회에서 가장 어려운 것은 사람을 대하는 일이었다. 목회자의 영성이 부족하면 반사적으로 사람과 부딪히는 소리가 난다. 하지만 영적으로 준비되자 이제 모든 것이 좋게 보였다. 사람에게 무슨 얘기를 들어도 스펀지처럼 '그럴 수 있지'라며 긍정적인 메시지로 흡수되었다.

엄 장로님은 10년 후 미국으로 이민을 떠나셨다. 미국으로 떠난 이유가 궁금했는데 언젠가 만난 자리에서 엄 장로님이 내게 이렇게 물었다.

"목사님, 제가 왜 미국으로 온 줄 아십니까?"

"글쎄요."

"제가 계속 경천교회에 있었으면 목사님이 쫓겨나셨을 것입니다. 그

래서 온 것입니다."

우스갯소리라고 하지만 찾아갈 때마다 매번 그런 얘기를 하시곤 했다. 나중에는 나 역시 농담 삼아서 이렇게 대꾸했다.

"내가 쫓겨나다니요. 아마 엄 장로님이 쫓겨나셨을 것입니다. 하하."

엄 장로님은 하나님이 내게 보내 주신 분이다. 어리석고 덜 여문 내가 시련을 통해 더욱 단단해지라고 보내 주신 시험대와 같다. 그분이 아니었다면 어떻게 내가 지금과 같은 목회자로 성장할 수 있었을까? 엄 장로님과의 만남, 그로 인한 아픔과 어려움, 모든 것이 너무나 감사할 뿐이다.

그의 은총은 평생이로다

−시편 30:5, 6, 11, 12

그의 노염은 잠깐이요
그의 은총은 평생이로다
저녁에는 울음이 깃들일지라도
아침에는 기쁨이 오리로다

내가 형통할 때에 말하기를
영원히 흔들리지 아니하리라 하였도다

주께서 나의 슬픔이 변하여
내게 춤이 되게 하시며
나의 베옷을 벗기고
기쁨으로 띠 띠우셨나이다

이는 잠잠하지 아니하고
내 영광으로 주를 찬송하게 하심이니
여호와 나의 하나님이여
내가 주께 영원히 감사하리이다

_주님처럼 | 이주연의 산마루서신 | 중에서

07 천국은 바로 진심을 나누는 곳이 아니겠는가

생명을 나누는 목사님, 진짜 사랑의 사도

임석구 목사

임석구 목사는 만수중앙교회 원로 목사이며, '생명을나누는사람들'의 이사장으로 한국 장기기증 문화 확장에 큰 역할을 담당하고 있다. "한 사람이 자신의 신장 한쪽을 떼어 주는 것을 통해 진짜 사랑을 느낀다"라고 말하는 목사님은 장기기증에 대한 인식이 바르게 변하기를 바란다. 평안남도 강서군에서 태어나 한국전쟁 때 형과 함께 인천으로 피난, 힘들고 어렵던 시절이었지만, 돌이켜 보면 감사한 일뿐이었다고 당시를 회상한다.

감리교신학대학교를 졸업한 목사님은 후배 목회자를 위해 "목사는 성도 한 사람 한 사람의 아픈 사연을 알아야 한다. 그 아픔이 성경의 실제적인 말씀을 통해 힘과 용기를 얻도록 하는 말씀을 전해야 한다"라고 말하며, 사람 마음에 부딪히는 설교가 진짜로 성공한 설교임을 강조한다.

"석구야, 빨리 일어나. 옷 단단히 챙겨 입어."

"왜? 어디 가려고?"

"응. 나하고 어디 갈 데가 있어. 그러니까 빨리 일어나."

잠결에 눈을 떴다. 아직 한밤중이었다. 나를 깨운 사람은 큰 형이었다. 아직 잠에서 덜 깨 졸린 눈을 비비고 일어났다. 형은 조용히 나의 입을 다물게 했다. 형의 지시에 따라 소리 나지 않게 조심하며 주섬주섬 옷을 입고 문밖으로 나왔다.

11월, 초겨울의 밤은 제법 쌀쌀했다. 옷깃을 여미는데 앞서 가던 형이 서두르라고 손짓했다. 나는 영문도 모른 채 부지런히 형을 따라 걸었다. 그렇게 떠나온 길이 다시는 고향으로 돌아가지 못하는 길인 줄 알지 못했다. 내 나이 불과 열일곱 살이었다. 부모님과 작별 인사도 없이 형과 나는 남포 항구에서 목선을 탔다. 한국전쟁 중 1·4 후퇴 직전이었다.

이산가족 상봉 때마다 북쪽의 부모님과 가족들 생각이 간절하다. 마지막 인사도 못하고 떠나왔는데……. 형은 왜 그렇게 몰래 서둘러야 했던 것일까?

내 어린 고난, 하나님과 교회가 살리다

내가 자란 곳은 동양의 예루살렘이라고 불린 평양과 가까운 항구 도시 남포이다. 일제 강점기 시절 먹고살기 어려웠던 아버지는 내가 다섯 살 때 이곳으로 이주해 왔는데, 남포에서도 어렵기는 마찬가지였다. 7남매를 거두는 일은 만만치 않았을 것이다.

먹고사는 문제로 힘겹던 시절이었지만 한 번쯤은 돌아가고 싶다. 아름다운 항구의 모습과 거대한 어선, 밤이 되면 깜빡깜빡 비추는 비발도 등대, 70리 바닷길 넘어 황해도에서부터 새벽이면 들리던 닭 우는 소리와 개 짖는 소리가 아득한 추억으로 아직도 남아 있다.

나는 개구쟁이였지만, 공부도 제법 잘해 우등생으로 남포 제2중학교를 무시험 입학했다. 형은 조만식 선생이 조직한 조선민주당원으로 인민군으로 나가지 않기 위해 밀밭, 목화밭을 숨어 지내다가 한국전쟁을 맞았다. 형은 한국군이 승리해 올라올 때까지 더 숨어 지낼 수밖에 없었다. 그러다가 수복이 되자 형은 치안 경찰로 활약했다. 하지만 그것도 잠시, 다시 중공군이 아무런 발표 없이 압록강을 건넜고 그들의 대대적인 반격에 국군과 유엔군이 밀려나기 시작했다. 치안 경찰인 형은 그 정보를 미리 알았을 것이다.

형은 가족 중 한 명이라도 남쪽으로 데려가고 싶었을 것이고, 북한군에 점령되면 가장 먼저 희생될 사람이 나와 형이라고 판단한 것 같다. 나머지 식구는 한국군이 다시 수복하면 만날 수 있을 거라고 믿었던 것이다.

어쨌든 형과 나는 남포에서 목선을 탔다. 피난민이 가득 찬 목선은 남쪽으로 향했다. 배가 강화도 북쪽에 정박하려고 하자, 놀랄 일이 벌어졌다. 기관포가 정신없이 우리 배를 쏘아 댄 것이다. 형과 나는 배에 바짝 엎드릴 수밖에 없었다. 피난민 배를 들여보내지 말라는 지시를 받았다는 이유에서였다. 북한군이 피난민으로 가장해서 지역에 침투하다는 사례가 빈번했던 모양이다. 선주는 배를 돌려 남쪽으로 더 내려갔다. 다행히도 강화도 남쪽에 배를 댈 수 있었다. 날이 밝자 모두 깜짝 놀랄 수밖에 없었다. 수많은 기관탄들이 배 안에 박혀 있었던 것이다. 수많은 총알 속에서도 어떻게 한 방도 맞지 않았는지 신기한 일이었다.

강화도에서 인천까지 걸었다. 그곳은 이미 전쟁의 참화를 입어 엉망이었다. 배다리라는 곳에 도착했는데, 그곳을 지나가려고 하자 경찰들이 막았다. 가까이 가 보니 젊은 청년들을 강제로 차출하고 있었다. 그들은 형을 보자마자 두 팔을 붙잡았다.

"왜 이래요! 왜 붙잡는 겁니까?"

"너는 조국을 위해서 방위군으로 가는 거다."

"북에서 피난 왔어요. 저 어린 동생이 혼자 남게 됩니다. 저 좀 놓아

주세요!"

형의 외침은 그들에게 아무 소용이 없었다. 그렇게 형은 트럭에 실려 어디론가 떠나고 말았다.

"나도 데려가 주세요. 나도 형과 같이 싸울게요."

나는 그들을 향해 울면서 매달렸지만 어려서 안 된다는 대답뿐이었다. 졸지에 나는 고아가 되었다. 어디로 가야 할지 알 수 없었다. 이리저리 사람들이 모인 곳을 기웃거렸다. 나와 비슷한 행색의 아이들이 많았다.

그때 어떤 사람이 내게 관심을 보였다.

"너 부모님이 안 계시냐?"

"예. 형하고 같이 북에서 피난 내려왔는데 형이 방위군으로 잡혀갔어요."

"그러면 저쪽 길로 쭉 가 봐. 먹을 것도 줄 거다."

그곳엔 천주교에서 운영하는 피난민 보호 시설이 있었다. 거기에서 지내다가 우연히 고향 사람을 만나 화성시의 한 염전에서 한겨울을 지내게 되었다.

편안한 생활을 하게 되자, 공부하고 싶다는 생각이 굴뚝같았다. 자신도 있었다. 그래서 알아보니 인천에 있는 성광중학교에 편입이 가능했다. 염전에서 일하면서 공부도 할 수 있다니 꿈같았다.

나는 천막 학교인 성광중학교 2학년에 편입했다. 열심히 공부했고 주어진 일에서도 성실했다. 그러던 중 그해 가을, 인천시가 주최하는 각 기관 연극 경연 대회에 참여하게 되었다. 그때, 육아원 원장이면서 고등학교를 운영하시는 허섭 이사장이 나를 눈여겨보고 나에게 육아원에서 일하는 조건으로 고등학교 졸업할 때까지 학비를 지원하겠다는 제안을 해 오셨다. 그 덕에 더 이상 먹을 것을 걱정하지 않고 공부할 수 있었다.

학교가 주안으로 이사하면서 주안교회와 인연을 맺는 계기가 되었다. 교회를 갔는데 혼자 간 것이 아니라 우리 재단의 아이들 60명을 데리고 갔다. 교회에서는 갑자기 늘어난 아이들을 맡을 교사가 없어 즉시 나를 교회학교 교사로 임명했다. 내가 기거하는 육아원에서도 예배를 드렸었지만 하나님을 인격적으로 만난 건 아니었다.

나는 성경을 몰라 망신당하는 일이 없도록 열심히 성경을 공부하며 교회학교 아이들을 가르쳤다. 그 덕분에 성경 지식을 많이 쌓을 수 있었고 하나님을 인격적으로 만나게 되었다.

주안교회에 새로 부임한 김동형 목사님은 내게 각별했다. 자신의 월급 중 십일조를 떼어 하나님께 드리고 또 십일조를 떼어 내 학비로 내주었다. 내가 감리교신학교를 졸업할 수 있었던 것은 순전히 그분의 도움이었다.

드디어 내가 목사 안수를 받게 되는 날, 만감이 교차했다. 울음을 참을 수 없었다. 그날 흘린 눈물은 내 인생의 많은 것을 통합해 놓은 것이었다. 그 누가 알랴. 고아로 산 인생의 하나의 귀결점. 하나님은 목회자로 부르시기 위해 나를 이끌어 오셨던 것이다.

세상은 나 혼자 살아가는 것이 아니라 하나님이 심어 놓은 선한 마음을 가진 사람들 덕분에 살아갈 수 있다는 것을 생각하며 감사했다.

고아로 살면서 가족 같은 수많은 동역자들이 생겼으니 하나님께 오직 감사밖에 바칠 것이 없었다.

아픔으로 탄생한 교회

사람은 누구나 어려운 시기를 지난다. 그럴 때 우리는 믿음의 선택을 통해 어려움을 해결한다. 그게 신앙인이다. 그러나 믿음으로 상황을 바라보고 지혜롭게 선택하는 것이 말처럼 쉬울까? 어려움을 만날 때마다 마치 하나님이 내 앞에 문제를 탁 던져 놓고는 우리가 어떻게 선택하는지 지켜보시는 것 같다.

말씀과 믿음의 원칙으로 살아가는 것! 그게 지혜로운 선택의 가장 큰 원칙이지만, 흔들릴 때가 많다. 목회하면서 나를 가장 가슴 아프게 했던 이 사건도 하나님이 나에게 '너는 어떻게 살 것이냐'라고 묻는 것과 다름없었다.

만수교회에서 시무할 때였다. 만수교회는 한국의 초대교회로 전통과 역사를 자랑한다. 그러나 교회의 전통적 뿌리를 가진 성도와 새 성도들 간 지나친 차이가 문제였다. 나는 후에 만수교회를 떠나 만수중앙교회를 새롭게 개척했다. 유감스럽게도 성공한 목회를 놔두고 개척지로 가서 다시 시작하는 아름다운 이야기는 아니다.

만수교회에서 재직 중이던 어느 날, 제보가 하나 들어왔다. 얼마 전 최 장로님이 세계 여행을 다녀왔는데, 통일교에서 보내 준 여행이라는 얘기였다. 이 제보를 듣는 순간, 등골이 오싹했다.

당시 통일교는 민족의 혼란기를 틈타 물량 공세로 성도들의 마음을 흔들었는데, 그 방법의 하나가 교인들 중 몇 명에게 세계 일주 여행을 시켜주는 것이었다. 지방회감리사로 있었던 나는 성품자격조사위원회 위원장으로 중부연회에 이 같은 사실을 보고했다. 당시 해외여행을 통한 포섭 활동을 매우 심각하게 받아들여 이런 사실을 교인에게 알리고 주의를 당부했다. 지금과는 달리 해외여행은 당시엔 굉장한 유혹이었다. 그런데 바로 이 사건에 연루된 사람 중에 우리 교인이 있다는 것이다. 교인들에게 주의하라고 했는데도 이런 일이 일어나다니, 충격적이었다.

낙농 사업을 하는 최 장로님은 자신이 가는 여행이 어느 기업에서 미국 낙농 연구를 위해 보내 주는 연수라고 교인과 이웃을 속였다. 목사인 나에게도 그렇게 말했다. 여행이 끝나고 교인 모두 잘 다녀왔느냐며 인사했을 때에도 그는 어떠한 내색도 하지 않았다. 그런데 그의 행적이 탄로 나고 말았다. 다른 교회에서 이 문제가 불거지고 전모가 알려지면서 최 장로님의 행적도 들켜 버린 것이다.

정신이 아득했다. 최 장로님은 목회를 열심히 도와주던 분이었다. 기도를 통해 하나님께 수도 없이 물었지만 그의 잘못을 관대하게 넘길 수는 없었다. 그렇다고 무작정 그를 교회에서 내칠 수도 없었다. 결론은 기회를 주자는 거였다. 참회의 기회를 줘서 잘못을 인정하면 가벼운 징계로 끝내려고 했다. 당회를 열기 전, 그에게 언질을 했다.

"이번 당회에서 발언권을 드리겠으니 여행을 다녀온 잘못에 대해 회개하십시오. 그리고 통일교가 이단임을 깨달았다고 말하시기 바랍니다."

그러나 그의 발언은 뜻밖이었다.

"이 여행은 통일교와는 아무 상관이 없습니다. 해외여행을 하면서 세계를 배우자는 건데, 유명한 목사와 장로님들, 심지어 대학교수들도 있었습니다. 선택되지 못한 여러분이 아쉬워해야 할 일입니다."

그의 발언에 당회가 뒤집혔다. 몇몇 실무 장로들, 권사님들과 집사님들이 아우성쳤다. 발언권을 주는 것에 반대한 이들은 대부분 교회에 온 지 얼마 안 된 교인들이었다. 오히려 해명 발언권을 준 것이 문제를 더 수습할 수 없는 지경에 이르게 한 것이다. 하지만 최 장로님을 옹호하는 분들도 있었다.

"성경에 보면 원수를 용서하고 사랑하라고 했습니다. 앞으로 최 장로님은 그런 일을 벌이지 않을 것이니 용서해 줍시다."

이렇게 말한 것은 대개 만수교회 토박이 교인들이었다. 결국 당회는 매우 소란스럽게 진행되었고, 교회가 분열의 양상까지 보였다. 최 장로님은 자격 정지 1년을 선고받았다. 하지만 이것으로 문제가 끝난 것이 아니었다.

이 문제가 교회 이전 문제와 뒤섞이면서 교회 분열에 가속도가 붙었다. 인천 시청이 구월동으로 옮기면서 도시 구획 정리가 이뤄졌고, 이 때문에 만수교회가 갖고 있던 대지 1,300평의 허리가 잘려 나갔다. 따라서 교회를 새로 짓거나 옮겨야 했는데, 이에 따라 교회 뒤쪽 부지를 매각하기로 결정했다. 하지만 최 장로님을 옹호한 무리는 결의한 내용을 뒤집으며 훼방했다. 결국엔 목사인 나에게 교회를 나가는 것이 좋겠다고 요구했다. 하나가 되기 위해 노력했으나 부질없었다.

나는 뜻을 분명히 밝혀야 했다. 어떻게 할 것인가? 문제의 화근을 정리하는 게 필요했다. 애초 최 장로님의 여행 때문에 불거진 갈등이었다. 인간으로서는 용서할 수 있겠지만 목사로서는 그의 잘못을 묵인할 수 없었다.

나는 그들의 반대편에 섰다. 마침내 반대파인 성도들과 함께 교회를 나오기로 결정했다. 함께 교회를 나온 성도들은 146명이고, 남은 교인은 40명이었다.

만수교회에서 마지막 예배를 드리면서 얼마나 마음이 아팠는지 모른다. 원칙과 관습 양 끝에 서 있던 교인들 간에는 큰 벽이 있었다. 옳고 그름은 모두 하나님이 결정하실 것이다. 그날 예배 후 광고 시간에 오늘로써 만수교회와 만수중앙교회가 합법적으로 분리되었음을 선언했다. 그러면서 이렇게 덧붙였다.

"그동안의 모든 불미스러운 일과 감정을 버리고 양쪽 교회가 복음을 전하기 위해 협력하면 좋겠습니다."

교회를 떠난 것은 우리의 선택이다. 하나님이 우리 교인들을 선택의 갈림길에 서게 하셨다. 우리는 그 선택을 통해 진짜와 가짜, 충성된 자와 불충성된 자로 갈릴 것이다. 지금이야 누구나 다 옳다고 주장하지만, 나는 후회하지 않는다. 우리 교인들도 원칙을 지킨 것에 감사하고 있다.

생명 나눔, 그 오해를 뚫고

"이번에 저희 사랑의장기기증운동본부 경인 지역 경인 본부에서 직원들과 수여자들을 대상으로 하는 모임이 있는데, 목사님께서 설교를 해 주셨으면 합니다."

조정진 전도사였다. 장기기증이라는 사업이 기독교를 중심으로 이어지고, 언론에서도 관심을 보이기 시작한 때였다. 그러나 모발조차 부모가 주신 것이라고 해서 함부로 다루지 못하게 하는 유교적 사고로 인해, 우리나라에서 장기기증이라는 문화는 여전히 낯선 것이었다.

나는 한 세미나에서 장기기증의 필요성을 느꼈다. 내 몸을 통해 다른 사람을 살릴 수 있다면 그 또한 가치 있는 일이라는 생각에서였다.

> 그들이 먹을 때에 예수께서 떡을 가지사 축복하시고 떼어 제자들에게 주시며 이르시되 받으라 이것은 내 몸이니라 하시고 또 잔을 가지사 감사 기도 하시고 그들에게 주시니 다 이를 마시매 이르시되 이것은 많은 사람을 위하여 흘리는 나의 피 곧 언약의 피니라 _마가복음 14장 22~24절

나는 예수님의 성만찬이 장기이식의 정당성을 얘기한다고 생각한다. 예수님은 십자가 위에서 물과 피를 쏟으며 자신의 몸을 우리에게 다 내주시고 돌아가셨다.

또한 로마서 16장에는 브리스가와 아굴라가 복음을 위해 자신들의

목까지도 내놓았다고 기록했는데, 이 역시 장기이식의 예라고 본다.

> 너희는 그리스도 예수 안에서 나의 동역자들인 브리스가와 아굴라에게 문안하라 그들은 내 목숨을 위하여 자기들의 목까지도 내놓았나니 나뿐 아니라 이방인의 모든 교회도 그들에게 감사하느니라 _로마서 16장 3~4절

조정진 전도사의 설교 부탁에 나는 흔쾌히 가겠다고 대답했다. 이렇게 시작한 인연이 지금은 이사장까지 역임하고 있으니 꽤 긴 인연이다.

조 전도사는 사랑의장기기증운동본부에서 핵심 인물이었다. 본부장인 박진탁 목사의 비서나 기사처럼 일하며 도왔다. 장기기증의 불모지에서 장기기증을 사명으로 감당하고 있는 우리나라 장기기증 운동의 산 역사라고도 할 수 있다.

장기기증 사업은 죽음과 삶의 갈림길에 있는 사람들을 대하는 일이어서 매우 어려운 사업 중 하나이다. 그러나 조 전도사의 입에서 열정적으로 나오는 장기기증의 역할과 중요성, 고충을 듣자 이 일의 필요성을 더욱 실감했다. 그래서 감리교 차원의 장기기증 운동을 하자는 결심을 했고, 그때의 인연으로 '한국생명나눔운동본부'에 이어 '생명을나누는사람들'로 인가를 받고 현재까지 장기기증 운동이 이어지게 되었다.

'생명을나누는사람들'이라는 이름은 보건복지부의 인가를 받고서

'한국생명나눔운동본부'의 '본부'라는 이름이 흔하고 친밀감이 부족하다며 보건복지부에서 이름을 바꿔 달라고 요청하여 바뀐 이름이다.

이 운동은 2001년 12월 본 교회에서 감리교 목사 50명이 창립 발기인으로 참여해 창립 예배를 드림으로써 본격화됐고, 나는 이사장이 되어 전국적으로 감리회 차원의 본격적인 생명 나눔 운동을 전개하게 됐다.

언제든지 요청해, 조 전도사. 내가 도울게

이 과정에서 가장 핵심적인 역할을 한 조정진 전도사가 사랑의장기기증운동본부와 불미스러운 일이 벌어졌다. 그쪽으로부터 고소를 당한 것이다. 그러한 일이 벌어진 이유는 워낙 대쪽 같은 그의 성격과 투철한 사명감 때문이다.

그는 본부의 불미스러운 일에 눈감지 못했다. 감리교단 소속 목회자의 신분에 걸맞게 떳떳이 행동하며 소신을 밝혀야 한다는 생각에 불미스러운 일에 납득할 만한 해명과 시정을 요청하자, 본부 측은 그를 해고하고 이어 명예 훼손으로 형사고소까지 했다. 그쪽에서는 조 전도사가 불미스러운 일을 공개적으로 밝힌 것은 공공의 이익을 훼손한 비방이라고 주장했다.

조 전도사는 이렇게 말했다.

"그쪽으로부터 보복과 피해가 있을 거라고 예견했습니다. 그래도 저는 해명을 요구할 수밖에 없었습니다. 저는 장기기증 운동을 평생의 사명으로 감당하기로 서원한 사람입니다. 이웃 사랑을 실천하기 위해 장기기증에 동참한 저를 비롯해 교회와 성도들에게 끼친 실망감은 그 무엇으로도 보상할 길이 없다고 판단해 일을 벌인 것입니다."

그는 장기기증 운동의 일선에서 뛰었던 목회자요 실무자로서 자신의 가족과 개인의 안위보다 끝까지 교회와 회원들의 편에 서서 자신의 책임을 다하는 것이 옳다고 말했다. 그의 입장을 충분히 이해했지만, 그의 처지가 안타까웠다.

"언제든지 요청해, 조 전도사. 내가 도울게."

그가 비록 고소를 당했지만 그의 진심과 진실을 믿었기에 나는 그의 편이 되어 주었다. 그와 함께 한국생명나눔운동본부 창립 운동을 비롯한 모든 일을 같이 해 나갔다.

그러나 고소를 당한다는 것은 목회자에게는 치명적일 수 있었다. 마침 조 전도사는 목사 안수를 받을 때였는데, 이 고소를 핑계로 수련 목회자로 세울 수 없다는 주장이 나온 것이다.

사역자로 들어선 사람에게 목사 안수는 가장 기본적인 목표이다. 세상에 널린 것이 목사라고 생각하겠지만 목사 안수가 쉬운 것은 아니다. 그것은 고시 패스나 마찬가지인데, 할 일을 다 하고서 부당하게 목사가 되지 못한다는 것은 개인에게는 큰 괴로움일 수밖에 없다.

조 전도사를 더 힘들게 한 것은 이 일에 나까지 말려든다는 사실이었다. 사람들은 그와 같은 일을 해 온 나조차 무슨 비리에 연루된 듯 오해했다.

이 고소 건으로 3년간 형사 재판이 진행되었고, 조 전도사는 그 스트레스로 당뇨병을 얻는 등 건강까지 잃는 고통을 겪었다.

　이 일을 해결하기 위해서는 결코 인간의 힘으로 밀어붙여서는 안 된다는 생각이 들었다. 하나님의 일을 하고, 도우시는 분이 하나님이라는 사실을 믿는 이라면 하나님의 때를 참고 기다려야 했다. 결국 목사 안수는 2년 후로 늦춰졌다. 나는 조 전도사에게 인내할 것을 조언했다.

　사실 재판과는 상관없이 목사 안수를 받을 수도 있었고, 그의 정당성을 알릴 수도 있었다. 얼마든지 집행부를 통해 그가 목사 안수를 받아도 될 만한 상황이었다. 결과적으로 그는 무죄로 판명 났으니 말이다.

　하지만 그렇게 하지 않았다. 오히려 집행부에 조 전도사를 2년 더 훈련시키겠으니 지켜봐 달라고 요청했다. 그렇게 하지 않아도 되는데 내가 나서자 목사들은 감동한 것 같았다.

　"조 전도사를 더 가르치겠습니다."

　사람들 앞에서 말한 뒤 그의 옆자리에 앉아 그의 손을 꼭 잡았다.

　"내가 힘이 되고 도와줄 테니까 더 열심히 해 봐."

생명을나누는사람들

서울시 구로구 온수동에 위치한 '생명을나누는사람들'은 소아암 등 희귀 질환을 앓고 있는 환우와 그 가족을 지원하는 것을 목적으로 2007년에 설립된 사회 복지 단체이다.

사후 각막 기증, 사후 조직 기증, 뇌사 장기 기증의 업무를 담당하는 장기기증지원센터와 소아암을 앓고 있는 환우의 치료비 지원, 헌혈증 지원, 그리고 농어촌 거주 환아 가족을 위한 사랑의 보금자리 Love House를 담당하는 소아암지원센터를 운영하고 있다. 한국철도공사와 협약하여 '희망 달리기'를 실시하고, 홍보 대사인 탤런트 김명국과 함께 백혈병 소아암 환아 체험 학습, 사랑의 마스크 보급 캠페인, 사랑의 산타 열차 사업을 진행하기도 했다.

이외에도 희귀 난치성 질환 환자에게 치료비 500만 원, 골육종 환아에게 치료비 500만 원을 지원하였다. 또한 백혈병 소아암 환아 가족을 초청하여 뮤지컬 「인어공주」와 「피터팬」 공연을 진행하는 등 활발한 활동을 전개하고 있다.

그 일로 상처받지 않기를 바라는 마음에서 작은 소리로 말했다.

나중에 들은 이야기지만, 조 전도사는 그 격려에 감동과 힘을 얻었고, 한편으로는 송구스러웠다고 한다. 그러나 나는 무엇보다 조 전도사가 내가 목사 안수를 2년 늦춘 것에 대해 이해해 주는 것이 고마웠다.

당시 조 전도사의 심정을 생각할 때 참 착잡한 심정이었다. 당시 나는 그 심정을 우회해 주보 설교문에 넣었다. 내용은 다음과 같다.

> 기독교대한감리회 중부연회가 숭의교회에서 있었습니다. 그 연회를 치르며 회원석에 앉아서 예수님의 마음을 생각했습니다. 그리고 이렇게 적어 보았습니다. 나는 시인은 아닙니다. 그러나 때로는 주위 환경이 시인이 되게 하는 때도 있나 봅니다.

예수님의 마음

내 사전에는 대통령도 국회의원도 없습니다
왜냐하면 될 수도 되려고도 하지 않기 때문입니다

다만,
십자가를 지신 주님과 함께 내가 원하는 것은
거센 비바람에도
의지하여 위로 위로 올라가려는
담장이 넝쿨에

든든한 돌담이 되고 싶습니다

쏜 화살처럼 날카롭고
무자비한 창끝 같은 세상 바람에
작은 몸 가리워 줄 수 있는
넓은 방패가 되고 싶습니다

쓴 세상살이에 지친 몸
다리 쭉 뻗고 누워 쉴 수 있는
따뜻한
구들장이 되고 싶습니다

가난하고, 병든 자 옆을 떠나지 않았던 예수님의 심정이 이렇지 않았을까 하는 묵상에서 나온 시였다.

조 전도사 고소 건은 1심에서 어이없게 유죄 판결이 났다. 조 전도사는 항소했고 2심 판결을 또 기다려야 했다.

나는 1심 판결이 난 2003년 8월 14일을 잊을 수 없다. 하나님이 정의를 지켜주실 것이라 생각했지만, 1심 판결은 너무 뜻밖이었기 때문이다.

조 전도사는 2심 판결 전에 나에게 자신의 심정을 전했다.

"이 판결이 어떤 결과이든 감당하겠습니다. 설혹 유죄라서 목사가 되지 못 해도 좋습니다."

그러나 다행히, 그리고 당연히 2심에서 무죄 판결이 나왔다. 우리는 환호하며 어깨를 감싸 안았다. 정말 따뜻한 포옹이었다. 판결문은 다음과 같았다.

> 피고(조정진 전도사)는 장기기증 운동을 수년간 열심히 해 온 사람으로, 국민의 신뢰를 받는 단체로 거듭 태어날 것을 강조할 의사로 현실적인 기증자와 후원자이자 잠재적 기증자 및 후원자이기도 한 일반 국민에게 정확한 사실을 알리고자 자신의 실명으로 이 사건 글을 올린 것이고, 관행처럼 이뤄지고 있던 많은 문제점이 지적되고 시정되기도 한 점 등을 고려해 볼 때, 공익 목적을 인정할 수 있고, 피고인의 주된 의도가 공공의 이익을 위한 것인 이상 비방의 목적은 부정된다고 할 것이다.

조 전도사가 한 일이 상대방을 비방하려는 의도가 아닌 공익을 위한 행동으로 정상 참작된 것이다.

얼마나 긴 싸움이었던가. 개인과 개인이 싸우는 것은 서로 소모되는 힘이 비슷하기 때문에 같이 힘들지만, 단체와 개인이 싸우게 되면 개인만 무척이나 힘들어진다. 어쨌든 그로 인해 우리는 크게 안도했고, 생명을나누는사람들의 일은 예전보다 더 활기차게 전개될 수 있었다.

이 판결이 떨어지고 나서 4년 후, 그가 신학대학교에 입학한 지 20년 만에 그는 목사 안수를 받았다. 그가 목사 안수를 받은 그날이 어찌나 감격스러웠던지. 마치 내 일처럼 기뻤다. 나는 그의 목사 안수식에 보좌해 주었는데, 안수식 내내 능력 있는 인물을 소멸하시지 않고 사용해 주신 하나님의 은총에 감사드렸다.

그 마음을 알았던지 안수식이 끝나고 강단에서 내려갈 때 갑자기 조 목사가 만인이 보는 앞에서 나를 돌려세우더니 강단 위에서 넙죽 절하는 것이 아닌가. 사람들은 조 목사의 행동에 웃었지만, 사연을 아는 사람들은 기쁨의 눈물을 흘렸다.

한 사람의 마음을 얻고 진심을 나누는 것은 기쁘고 감사한 일이다. 천국은 바로 이런 진심을 사람들과 함께 나누는 곳이 아니겠는가.

하나님을 사랑하고 아는 것

우리는 한낱 인간이기에 우리의 연약함을 인정하지 않을 수 없다. 그런데 무슨 권리로 하나님의 자비를 측정하며, 또 우리 마음대로 한계를 설정해 놓고 그 한계 속에 하나님의 자비를 가둘 수 있는지 묻고 싶다. 사실 하나님께서 어떤 분인지 알 수 없기에 우리 자신이 어떤지 알지 못한다. 나를 깊이 들여다보면 더욱 혼란에 빠지게 된다. 그래서 하나님께서는 자신과 사귈 수 없다고 감히 말씀하신 것이다.

그러나 나는 묻고 싶다. 우리는 본래 사랑하고 지각하는 능력이 있는데, 하나님을 사랑하고 알아야 된다는 사실을 하나님께서 바라지 않겠는가. 적어도 우리가 존재하고 사랑한다는 것에 대해 스스로 안다는 것은 의심할 나위가 없다. 그러므로 만일 주위가 캄캄한 때에도 무엇인가를 볼 수 있고, 세상적인 것이라도 그 중에서 사랑할 수 있는 대상을 찾는다면, 그 또한 하나님께서 우리에게 계시해 준 것이다. 그렇다면 자신의 뜻을 우리에게 전달해 주고자 하는 하나님을 기쁘게 하고 싶다면 어떤 방법으로든지 그분을 알고 사랑하게 되지 않겠는가?

인간은 동물에 불과하다고 보는 견해는 비록 굉장한 겸손일지라도 거기에는 분명히 용납할 수 없는 전제가 있다. 우리 스스로 우리가 어떤 존재인지 알 수 없기 때문에 하나님께서 가르쳐 주지 않으면 안 된다는 사실을 우리 스스로 인정하지 않는다면, 그 주장은 진실하지도 않고 합리적이지도 않다.

_팡세 | 블레즈 파스칼 지음 | 중에서

08 네게 있는 것을 먼저 바치라

스스로 교회에 제물이 된 제물 목회자

박영선 목사

박영선 목사는 '제물 목회'라는 독특한 신앙으로 유명하다. '제물 목회'란 한국인으로 선택받고 한국 목사로 택함 받아 봉천교회를 위한 제물로 태어났다는 사명 철학이다. 대한민국도 대통령이 성경에 손을 얹고 선서해야 복음주의 국가가 되는 것이라며, 그것이 한국기독교가 추구하는 복음주의 국가의 상징적 모습이고, 예수님께서 세우시고자 한 나라 즉, 가난한 자가 없고, 포로 된 자에게 자유를 주며, 인권에 눌린 사람이 없게 하는 복음주의 나라를 만들겠다는 국가 이념을 세워야 한다고 강조했다.

장로회신학대학교를 졸업하고, 미국 뉴월드신학대학에서 신학 박사학위를 받았다. 서울 남노회장과 서울 남노회 성서신학원장 및 이사장, 대한예수교장로회 총회 공천부장, 규칙부장, 고시위원장을 역임해 총회의 발전에 기여했고, 장로회신학대학교 이사장도 역임했다. 2010년 12월, 44년 동안 재직했던 봉천교회를 퇴임하고, 같은 해 11월, 웨스트민스터신학대학교대학원 총장에 취임했다.

판자촌이 즐비한 봉천동을 바라보며 나는 외쳤다.

"이곳이구나, 내가 교회를 세울 곳이!"

무엇이 사람의 마음을 움직이는가? 바로 감동이다. 하나님께서 바사 왕 고레스의 마음을 감동시켜 포로 된 이스라엘 백성을 보내 예루살렘에서 여호와의 성전을 짓게 하자, 제사장들과 레위 사람들을 비롯한 많은 사람의 마음에도 감동이 있어 여호와의 성전을 건축하자며 일어난다. 이처럼 하나님이 사람을 움직이게 하는 방법은 감동이다.

나 역시 그랬다. 감동이 아니라면 판자촌이 즐비한 봉천동을 바라보며 어떻게 교회를 짓겠다는 생각을 할 수 있었겠는가. 하나님의 감동은 사람으로 하여금 어렵고 힘든 일에 도전하게 하고, 생각할 수 없는 일을 하게 하며, 고난조차도 감사로 바꾸게 한다.

개척 시대, 무한 감동과 무한 감사

내가 가슴 벅차 하며 교회를 짓겠다고 외친 때는 한국전쟁 후 기독교가 재건의 선두에 서 있던 때였다. 그 해에 나는 경기노회 소속의 문촌교회에서 안수를 받아 재직 중이었다. 젊은 목회자인 내게 주신 하나님의 비전은 새로운 교회를 세우는 것이었다. 그것도 아주 큰 교회를. 항공모함 같은 큰 교회를 세워, 이 땅의 불쌍한 영혼에게 복음을 전해 가난한 자, 억눌린 자가 없게 하겠다는 포부였다.

> 주의 성령이 내게 임하셨으니 이는 가난한 자에게 복음을 전하게 하시려고 내게 기름을 부으시고 나를 보내사 포로 된 자에게 자유를, 눈 먼 자에게 다시 보게 함을 전파하며 눌린 자를 자유롭게 하고 주의 은혜의 해를 전파하게 하려 하심이라 하였더라
> _누가복음 4장 18~19절

공산주의를 막아야 한다는 생각은 내게 필연적이었다. 어린 나이에 공산당 때문에 아버지가 목숨을 잃었고 나머지 가족의 목숨도 잃을 뻔했으며, 정든 고향을 떠나왔다. 총살 현장에서의 회생! 지금도 생각하면 모골이 송연하다. 나는 공산주의를 이길 힘은 교회밖에 없다고 생각했다. 교회가 이 땅에 굳건히 서야 다시는 전쟁이 일어나지 않을 것이라고 확신했다.

이 땅에 전쟁으로 인한 후유증은 심각했다. 천지에 고아들이 넘쳤

고, 사람들은 먹고살 수 없었다. 희망이 없었다. 그럴 때 교회가 이 땅에 희망과 살아갈 소망을 주었다. 하나님은 나에게도 교회의 사명을 감당할 역할을 주셨다.

1965년 11월, 장로교 정기노회가 상도교회에서 열린다는 통지를 받았다. 당시에는 야간통행이 금지되어 있어서 회의가 길어질 경우를 대비해 일박을 준비해야 했다. 예상대로 회의는 길어지고 하룻밤을 유숙해야 했다. 교회의 배려로 김영석 장로님 댁에 갔는데, 장로님이 목회자라고 젊은 나를 융숭하게 대접해 주었다. 장로님과 이런저런 대화를 나누다 보니 봉천동에 대해서까지 이야기하게 되었다.

그분의 말에 따르면, 봉천동은 세상에서 가장 못사는 사람들만 사는 곳이었다. 한번은 서울에 대홍수가 일어난 적이 있었다. 전쟁으로 먹고살게 없는 사람들이 강변에 판잣집을 지어 고기를 잡아먹으며 살고 있었는데, 홍수로 인해 판잣집이 다 떠내려갔다.

서울시는 궁여지책으로 사람들의 눈에 잘 띄지 않는 곳에 이들을 살게 할 계획을 세웠는데, 그곳이 바로 봉천동이었다. 봉천동은 그렇잖아도 개발 지역에서 밀려난 철거민과 갈 데가 없는 지방 사람들, 세상의 모든 거지가 몰려 있던 곳이었다. 거기에다가 수재민까지 몰려들었으니 봉천동은 그야말로 하천민의 천지였다.

장로님의 이런 이야기를 들으면서 귀가 번쩍 열렸다. 내가 찾던 '가난한 자'들이 바로 여기에 있었다. 그분의 말씀이 내 귀에는 헐벗고 굶주려 진정한 복음의 말씀을 기다리는 이들의 소리로 들렸다. 나는 빨리 그곳을 보고 싶어서 가슴이 쿵쾅거렸다. 하지만 노회는 그 다음 날까지도 이어졌다. 다음 날 오후, 회의가 끝나자마자 물었다.

"봉천동을 한눈에 볼 수 있는 곳이 어디예요?"

"봉천 고개에서 보시면 됩니다."

나는 상도교회에서 나와 바로 그곳에 올랐다. 그리고 봉천동을 내려다보았다. 장로님이 말씀하신 그대로였다. 관악산 기슭에 천막들이 즐비했다. 어지럽게 흩어진 거리를 보니 지저분한 동네임이 한눈에 들어왔다. 좋지 않은 냄새마저 풍겼다. 그럼에도 그 모습이 내 눈에는 미국 서부개척 시대의 황량한 마을이나 아프리카의 촌락 같은 풍경으로 보였다. 가슴이 뛰었다.

"바로 여기가 내가 있어야 할 곳이구나. 이곳에 교회를 세워 복음을 전하자."

나는 그 자리에서 결정했다. 한 젊은 목회자의 출발이 이렇게 시작된 것이다.

다음 해, 짐을 싸서 아예 아내와 함께 봉천동으로 이사했다. 문촌교회를 정리한 다음이었다. 봉천동은 서울이 아니라 시골 같았다. 주민이 일군 밭이 있었고, 거름 냄새가 풍겼다. 버스도 다니지 않아 버스 종점인 상도동에서 걸어와야 했다. 봉천동에는 탑골교회(지금의 봉천제일교회)와 기도원이었던 벧엘교회, 한양교회에서 개척한 샘산교회, 그리고 몇 개의 개척교회가 있었다. 탑골교회와 샘산교회는 둘 다 산간에 있었고 목회자가 없었다. 그리고 샘산교회는 지난 해에 폭우로 교회 건물이 무너져 탑골교회에서 예배를 드리고 있었다.

나는 탑골교회에 부임해 샘산교회를 합하고자 했다. 그러나 예배를 같이 드리기는 했지만, 교회를 합치려는 시도는 이뤄지지 않았다.

계획대로 교회를 다시 세우기로 했다. 그해 8월 13일 내 목회의 뜻을 따라온 교인 16명과 함께 교회를 세우려는 장소에서 가마니만 깔고 앉아 예배를 드렸다. 주변에 건물은 아무것도 없었다. 누구의 땅인지도 모르는 황량한 벌판이지만 그곳이 장차 봉천의 중앙이 될 것이라고 확신했다. 그래서 교회 이름도 봉천중앙교회라고 붙였다.

예배 시간, 하늘은 8월의 뜨거운 햇볕으로 눈이 부셨다. 찬양 소리가 건물에 부딪혀 울리는 반향은 없었지만, 내 가슴 속에서는 뜨거움이 일었고 이 넓은 땅에 교인들이 가득 찰 것이라고 확신했다. 당시 교인 16명 중 대부분이 40년이 지난 지금도 이 교회에서 봉사하고 있으니 얼마나 감사한 일인지.

첫 주일에 빈 들에서 노천예배를 드리기는 했으나 계속 그럴 수 없었다. 그래서 동대문에 가서 중고품 천막을 구입해 11월까지 주인도 모르는 남의 땅에서 예배를 드렸다. 첫 천막 예배 날, 양순희라는 교인이 찾아왔다.

"목사님, 제가 강대상을 준비할까 합니다."

가난하고 어려운 동네에 사는 그분이라고 왜 힘들지 않았을까? 그럼에도 조금이라도 돕고자 하는 그분의 마음이 고마웠다. 집사님의 헌신에 그 주에는 번듯한 강대상 앞에서 예배를 드릴 수 있었다.

그러던 어느 날, 꿈을 꾸었는데, 눈앞에 넓은 운동장이 펼쳐지고, 그곳에 누렇게 익은 벼가 보이더니 운동장에 강단이 솟아 있었다. 그곳에 얼굴은 보이지 않고 몸이 크신 분이 내 손을 잡아 강단에 세우셨다.

그분의 몸이 워낙 커서 나는 어린아이처럼 작아 보였다. 강단에 서자, 벼 이삭이 모두 사람으로 변했다. 정말 많은 사람이 강단 주변에 빼곡히 서 있었다. 그때 몸이 크신 그분이 내게 말씀하셨다.

"이 사람들을 보아라. 이곳이 네가 헌신할 교회이다."

나는 이렇게 대답했다.

"그러면 이 많은 사람을 위해 평신도 지도자를 세워야겠습니다."

그러자 그분이 말씀하셨다.

"그렇게 하라."

그 대답과 함께 잠에서 깨어났다. 이 꿈의 뜻이 무엇인지 곰곰이 생각해 보았다. 하나님이 내게 주신 목회 방향과 비전이었다. 그리고 그날 평생을 이곳에 바치리라고 결심했다. 그 후 나의 목회는 그야말로 '제물 목회'가 되었다.

'제물 신앙'은 '유혹'에 흔들릴 수 없었다

제물 목회의 모티브는 아브라함이 이삭을 바친 사건이다. 하나님이 아브라함에게 이삭을 바치라고 하실 때 '모리아'라는 장소와 시간까지 지정하셨던 것처럼, 하나님이 봉천교회를 내게 지정하셨으니 내가 이 교회에 제물이 되어야 한다고 본 것이다.

제물 신앙으로 인해 나는 봉천교회에 못 박히고 말았다. 유혹이 없었던 건 아니다. 전국과 외국을 다니며 부흥회와 집회를 인도하면서 나름 유능한 목회자로 소문났고, 그러면서 목회자 청빙을 두 번이나 받기도 했다. 그중 한 번은 아예 거절했고, 한 번은 우리 교회 부목사를 대신 보냈다.

그뿐이 아니었다. 개발 붐과 더불어 강남으로 간 교회들이 급성장하자 교회를 그곳으로 옮겨야 한다는 유혹도 있었다. 처음부터 큰 교회가 되어야 한다고 생각했던 나에게 다른 지역의 빠른 성장은 큰 도전이었다. 하지만 나는 '나도 할 수 있다'라는 생각으로 흔들리지 않았다. 제물이 자기 마음대로 장소를 정하는 것이던가.

'제물 신앙'은 그런 '유혹'에 흔들릴 수 없었다. 나를 교회에 제물로 드려야겠다고 생각하니까 몇 가지 좋은 점이 있었다. 우선 나를 향한 교인들의 신뢰였다. 그들은 '우리 목사님은 여기에서 목회하다가 천국 갈 사람'이라고 믿었다.

또 한 가지 좋은 점은 교회에 전력을 기울이게 된다는 점이었다. 다른 생각을 하지 못하니 죽으나 사나 이 교회를 위해 모든 것을 내던졌고, 하나님이 세우신 교회라고 믿으며 신앙과 목회철학을 이뤄나갈 수 있었다.

다른 더 좋은 길이 있었을까? 그것은 모르는 일이다. 가보지 않은 길이니 말이다. 이 길은 넓든 좁든, 만족스럽든 불만족스럽든 나에게는 넘치도록 감사한 일이었다.

천막교회는 빠르게 부흥했다. 교인들에 비해 교회가 너무 좁아 어린이 예배와 활동은 주로 공터에서 이뤄졌다. 가난하고 불쌍한 이들은 교회와 신앙을 통해 삶에서 부족했던 사랑과 관심을 받으며 희망을 충

전했다. 그런데 문제가 있었다. 추운 겨울이 다가오는데 천막으로는 겨울을 견뎌낼 수가 없었다. 나는 이 문제로 계속 기도했다. 그 응답은 엉뚱한 곳에서 이뤄졌다.

샘산교회를 개척한 한양교회의 한 여집사가 세상을 떠나면서 자기 재산 전부를 교회에 헌납했다. 그분은 그 돈을 개척교회 기금으로 사용해 달라는 유언을 남겼다. 그 돈이 우리에게 전달됐고 우리는 53평의 배추밭을 구입할 수 있었다. 하지만 건물이 문제였다. 교회 땅은 구입했지만, 건축 비용이 없었다. 또 간절히 기도할 수밖에 없었다.

그러자 하나님은 또 사람을 보내 주셨다. 한양교회의 김윤여 권사라는 분이었다. 그분은 자라산 땅의 주인인데, 낡은 건물을 철거한 목재와 벽돌을 제공해 교회를 지을 수 있도록 도와주었다. 11월 10일, 본격적인 추위가 시작되기 직전 교회가 완공됐다. 건평 18평으로 지어진 교회는 비록 낡은 목재와 벽돌이었지만 천막보다는 훨씬 안전하고 따뜻했다.

하나님은 우리의 염려를 아시고 많은 사람들을 보내 주셨다. 이런 방법으로 교회를 짓게 하시니 하나님의 기묘하신 계획을 어찌 우리가 다 알 수 있겠는가.

주께서 내게 응답하시고 나의 구원이 되셨으니 내가 주께 감사하리이다 건축자가 버린 돌이 집 모퉁이의 머릿돌이 되었나니 이는 여호와께서 행하신 것이요 우리 눈에 기이한 바로다 이 날은 여호와께서 정하신 것이라 이 날에 우리가 즐거워하고 기뻐

하리로다 _시편 118편 21~24절

　건축자의 버린 돌이 집 모퉁이의 머릿돌이 되었다는 이 비유가 마치 우리 교회를 두고 하시는 말씀 같았다. 하나님께서 일하시는 방법은 이렇게 기이했다. 작고 보잘것없는 건축물에서 의자가 없는 바닥이라도 감사하고 즐거워하며 기뻐할 뿐이었다.

　그해 12월 따뜻하게 첫 성탄예배를 드린 후, 밤새도록 논두렁과 거름구덩이에 빠져가며 샘산 꼭대기에서부터 탑골(낙성대), 새실, 청룡마을, 봉천극장, 살피재 고개까지 성탄 찬양을 부르고 각 교인 집을 방문했다. 교인들은 강냉이, 고구마 등의 간식을 나눠 주었다. 참 따뜻한 풍경이었고 평생 잊을 수 없는 감사로 남았다.

　또 한 가지 잊을 수 없는 추억이 있다. 바로 버려진 아이들을 양육한 일이다. 이 동네는 부랑민이나 가난한 사람들만큼 흉악한 사람들도 많았다. '살피재 고개'라는 곳이 있었는데, '살피재'가 원래 그런 뜻은 아니겠지만, '잘 살펴서 가야 한다'라는 의미로 통할 정도로 사람들이 험악하고 강도나 도둑이 많았다.

　또 많은 것이 버려진 아이들이나 고아였다. 어른들도 먹고살기 힘든 판에 아이들은 오죽했겠는가. 그들은 이리저리 몰려다니면서 물건을 훔치거나 약한 사람들을 괴롭혔다.

　교회를 개척하고 얼마 되지 않아 우리 교회에도 아이들이 자주 들락거렸다. 잘 데가 없는 아이들은 교회에 와서 잠을 자고 아침에 일어나 세수하고 어디론가 사라졌다. 교회도 가난하니까 가져갈 것도 없었지만, 그래도 조그마한 것 하나라도 없어지지 않은 것을 보니 심성이 나쁜 것 같지 않았다. 20여 명쯤 되는 아이들을 좀 더 지켜보는데 마음속에서 한 가지 결심이 서기 시작했다.

어느 날, 한 녀석을 붙잡았다.

"부모님 안 계시니?"

"예, 안 계세요."

"그러면 뭘 먹고 사니?"

"그냥 이것저것 해요."

"그렇게 같이 몰려다니는 친구는 몇 명이나 되니?"

"20명 됩니다."

"그러면 나하고 살래?"

"예?"

녀석은 매우 놀라는 표정이었다. 사실 그런 선의를 받아본 적이 없을 것이 분명했다. 그러나 진심은 통한다고, 20명을 모두 받아들이고 양육하겠다는 나의 선의를 그들은 받아들였다. 그리고 시작된 그들과 내 자녀와의 동거…….

녀석들을 내 자녀와 함께 같은 방에서 재우고 키웠다. 우리 아이들은 너무나 불편해 했다. 그렇잖아도 집이 좁아서 불편한데 거기에 아이들이 더 왔으니 오죽했으랴. 나에 대한 불만이 컸다. 하지만 인내하며 끝까지 설득해 결국 같이 성장했고, 그들 모두 어엿한 성인이 되어 출가했다.

왜 어려움이 없었을까. 그래도 천국에 가서 하나님이 내게 "네가 한 일이 무엇이냐?"라고 물을 때 이것만은 자신 있게 말할 수 있을 것 같아서 그런 기회를 주신 하나님께 오히려 감사할 뿐이다. 그 덕분인지 하나님은 내게 갑절의 은사를 주셨다. 내 친자식들은 다 잘 성장해서 2남 2녀 중 장남과 둘째 모두 목사로서 다른 교회에서 시무하고 있으니 이보다 더 큰 은혜가 어디 있으랴.

학도병에서 고아로, 그리고 다시 신학생으로

내 나이의 누구든 드라마 같은 여정을 거치지 않은 사람은 없다. 대부분이 역사의 한가운데 서 있었을 것이다. 내 고향은 황해도 옹진이다. 옹진은 남한의 최북단인 백령도 바로 앞에 있는 곳으로 농산물, 광물, 수산물이 풍부해 살기 좋은 고장이다.

나는 1남 3녀 중 둘째로 태어났다. 아버지는 그곳에서 나름 부를 이루고 사셨다. 중간급 크기의 배를 운영하시고, 염전과 과수원도 있어 남부럽지 않게 살았다. 당시 그곳은 3·8선 이남이었기에 공산당의 지배를 받지 않았다.

그곳에서 나는 옹진초등학교와 옹진중학교를 다녔고, 공부도 잘하는 편이었다. 부유한 집안 덕택에 서울로 올라가 공부하겠다는 포부도 그렸다. 모친은 뜨거운 신앙인은 아니었어도 교회에 잘 출석했다. 아버지는 교회에 다니지는 않았지만 넉넉하신 분이라 내가 교회에 다니는 것에 크게 반대하지 않으셨다.

그래서 동네에 있는 유일한 교회에 다니며 자연스럽게 교회에 익숙해졌다. 그렇게 교회는 어느덧 삶의 모태가 되어갔다. 훗날 홀로 남한으로 피난 내려와 너무나도 어렵고 힘들어졌을 때 내게 교회는 큰 위안의 장소였다.

한국전쟁이 발발하자, 부유한 아버지는 부르주아로 찍혀 공산당에 끌려갔다. 그 후로 아버지의 생사는 알 수 없었다. 북한군이 점령하는 동안 가족의 고초는 이루 말할 수 없었다. 하지만 얼마 후 해방되었고 나는 학도군으로 입대하게 되었다. 중학생의 신분으로.

을지병단 26연대! 계급 없는 병사가 있던 부대였다. 친구들도 모두 함께 입대했다. 나는 전방 전투 현장에 간 것이 아니라 백령도에서 근무했다. 가족들은 고향과 나 사이를 오가면서 면회 오고 음식도 넣어 주곤 했다.

그런데 1·4 후퇴로 고향 옹진을 다시 빼앗기고 백령도마저 적의 포탄이 떨어졌다. 급박한 상황이었다. 모두 철수하고 있을 때 고향에 있는 가족이 걱정되었다. 그러나 그곳까지 갈 형편이 못 되었다. 나는 철수하는 부대를 따라 갈 것인지, 아니면 이곳에 남을 것인지 빠르게 판단해야 했다.

순수한 군인이 아니니 어느 것이든 결정할 수 있었다. 친구들은 모두 남아 있겠다고 했다. 그들은 남쪽에 가면 굶어 죽는다고 철떡 같이 믿고 있었다. 하지만 나는 남쪽으로 가기로 결정하고 미군 부대의 LST 배를 탔다. 일가친척 아무도 없는 곳에 무작정 가겠다고 결정한 것이다. 내가 배에 탄 것을 알자 친구들이 모두 부두에 몰려왔다.

"영선아, 거기에서 뭐하냐! 어서 내려와. 그곳에 가면 쪽박 찬다."

그들은 내려오라고 고래고래 소리쳤다. 그들의 소리는 절규에 가까웠다. 나는 그들의 말에 눈물을 흘리면서도 배에서 내리지 않았다. 지금 와서 생각해 보면 그 배를 탈 생각부터, 내리지 않아야겠다는 생각까지 왜 그런 결정을 했는지 정말 모를 일이었다.

나를 태운 배는 목포에 나를 내려 주었다. 그때부터 남의 집안일, 교회 일을 하며 근근이 먹고살았다. 나를 버틸 수 있게 해 준 곳은 역시 교회였다.

전남 고흥군 포두면 외산이라는 산간 마을의 외산교회에 머물던 어느 날, 길두교회 박석순 목사님의 엽서를 받게 되었다. 한국의 위대한 성자로 불리는 바로 그 박석순 목사님이다.

"이번에 순천 매산고등학교에 입학시험이 있으니 시험을 보아라."

나를 전혀 모르는 목사님이 내게 엽서를 보낸 것도 이상했지만, 내용은 더욱 상상 이상이었다. 학교에 다니고 싶다는 열망은 있었지만 내 형편에 기대할 수 없었다.

간밤에 이상한 꿈을 꾸긴 했었다. 외산교회에는 이학석이라는 노인 집사님이 계셨는데, 그분이 꿈에 나타난 것이다.

"영선아."

꿈에서 나를 찾기에 나는 방문을 열고 대답했다.

"네."

그랬더니 그분이 말하는 것이었다.

"내가 너를 공부시키기로 작정했으니 학교 갈 준비를 해라."

나는 '저 분도 가난한데 나를 어떻게 공부시킬까'라는 생각을 하며 잠에서 깼다.

꿈은 생생했지만 이뤄질 수 없는 것이라는 생각에 대수롭지 않게 여겼다. 그런데 엽서를 받게 되니 놀랄 수밖에. 엽서에 있는 주소대로 박 목사님을 찾아갔다. 외산교회에서 약 10리 정도 떨어져 있는 곳이었다. 그분도 혈혈단신으로 월남하신 목사님이었다.

"이학석 집사가 내게 부탁을 하더구나. 이북에서 온 청년이 하나 있는데 똑똑하고 손에서 책을 놓지 않을 만큼 공부하고 싶어 한다고. 그런데 형편이 어려우니 도와달라고 말이다."

"집사님……."

"이번 매산고 입학 시험에 합격하면 학비를 보조해 줄 테니 해 보겠느냐?"

나로서는 이 제안을 거절할 이유가 없었다. 그동안 고생하면서도 손에서 책을 놓지 않았는데 당연한 일이었다. 그때부터 나는 길두교회에 기거하면서 공부했고 다행히 합격할 수 있었다. 입학 후에는 목사님의 도우심에 보답하고자 열심히 공부했고, 전교 1등을 차지해 장학금도 받았다. 그 후 장로회신학대학교에 입학한 나는 비로소 목회자의 길을 걷게 된 것이다.

그러나 이런 나의 기쁨과는 달리 전해 들은 고향 소식은 비극적이었다. 내가 남쪽으로 피난 내려오던 날 나에게 배에서 내리라고 소리친 친구들은 모두 중공군에 끌려가거나 죽었다. 친구들 중 인민군의 손에 남은 친구는 단 한 명도 없었다.

한편 어머니와 누나, 여동생도 부르주아 가족이라고 북한군이 퇴진할 때 처형장에 끌려갔다. 그런데 정말 하나님의 도우심이었다. 누나는 총알이 허벅지를 뚫고 지나갔고, 여동생을 쏜 총알은 얼굴을 스쳤을 뿐이었다. 어머니는 용케 옆 사람이 쓰러질 때 좀 더 빨리 쓰러지는 바람에 총알을 피할 수 있었다. 우리 가족은 도저히 살 수 없는 그 현장에서 다시 살아났던 것이다.

그 후 우리는 전라도에서 극적으로 만나 감격의 해후를 할 수 있었다.

교회 건축의 기쁨과 고난

"건축 헌금 회계 장부를 가져오세요."

회계를 담당한 장로님들에게 말했다. 이유는 대성전 건축을 앞두고 재정을 점검할 필요가 있었기 때문이다. 그동안 우리 교회 건축 역사를 보면 천막교회에서부터 시작해서, 18평짜리 벽돌 교회, 다시 60평 교회, 100평 교회로 늘려 왔다. 대성전 건축은 미래를 지향하는 대규모 수용이 가능한 건축이어야 했다.

대부분의 다른 교회가 대지를 오래전에 확보하고 건축하는 것과 달리, 우리 교회는 처음부터 대지와 건축물을 동시에 확보하며 지어야 했으므로 이중 부담이었다. 교회 건축은 천천히 이뤄질 수밖에 없었다.

나는 제일가는 교회를 만들고 싶었다. 그러나 내 욕심대로 대성전을 마음껏 지을 수는 없었다. 가장 큰 원칙은 절대로 교인들에게 부담되지 않게 하겠다는 것이었다. 교회를 건축하겠다는 빌미로 성도들에게 빚을 지게 한다는 것은 옳지 않았다. 성도의 빚은 결국 하나님의 빚이 된다. 하나님이 도우시길 기도하는 수밖에 없었다.

그런데 회계 장로님들의 대답은 마른하늘에 날벼락 같았다. 그날 하나님의 교회에도 정말 음부의 권세가 미치고 있다는 사실을 확인할 수 있었다.

"건축 헌금이 한 푼도 남아 있지 않습니다."

그동안 건축을 위해 모아 놓았던 헌금이 다른 곳으로 전용되었던 것이다. 그 사정을 몰랐던 나와 다른 교인들은 깜짝 놀랐다. 이런 일이 벌어질 수 있을까? 이해할 수 없었다.

나는 무척 화가 났다. 헌금 중에서 중요한 것이 건축 헌금인데 이것을 소홀히 다룬 것이 아닌가. 회계를 담당한 장로들에게 말했다.

"장로님들은 당회에 나오지 마세요. 이제는 전쟁이니까 전쟁의 방법대로 하겠습니다."

나는 이렇게 말하고, 금식기도와 작정기도에 들어갔다. 당회장의 허락 없이 돈을 유용한 그들이 무척이나 미웠다. 그리고 어떻게 해야 할지 하나님 앞에 답을 구했다.

그러자 내 마음속에 음성을 듣게 되었다.

"네게 있는 것을 내게 먼저 바치라."

나 자신이 희생제물이 되어야 한다는 것은 내 기본적인 신앙관이었다. 하나님의 성전을 짓는 일에 있어서도 어떻게 희생제물이 없을 수 있겠는가.

영락교회 정문에 들어서면 비석 하나가 눈에 들어오는데 바로 김응락 장로님을 기념하는 비석이다. 그분의 이야기는 매우 감동적이다. 김응락 장로님은 한국전쟁 당시 영락교회 건축위원장이었는데, 공산군이 서울에 들어온다고 해서 모든 사람이 부산으로 피난 갈 때 교회를 지켰다. 장로님은 건축위원장인 내가 어떻게 교회를 떠날 수 있느냐며 교회를 떠나지 않았던 것이다.

당시 공산군들은 교회만 보면 폭파시키고, 교인들을 잡아 죽이거나 북으로 끌고 갔다. 마침내 공산군들이 영락교회에도 들이닥쳤다. 장로님은 자신을 향해 총을 겨눈 그들에게 호통 쳤다.

"나는 이 교회의 건축위원장이오. 나에게 마지막 기회를 주시오."

그들은 퉁명스럽게 물었다.

"무슨 기회인가?"

장로님이 답변했다.

"예배당에 들어가 마지막으로 기도하게 해 주시오."

김응락 장로님은 하나님께 간절하게 마지막 기도를 드린 후 예배당 문 앞에서 공산군들에 사살되는 위대한 순교를 했다. 이 순교비보다 더 큰 감동과 은혜를 주는 설교가 어디에 있겠는가. 오늘의 영락교회는 우연히 그렇게 서 있는 것이 아니다.

> 여호와께서 이르시되 네 아들 네 사랑하는 독자 이삭을 데리고 모리아 땅으로 가서 내가 네게 일러 준 한 산 거기서 그를 번제

로 드리라 _창세기 22장 2절

하나님은 아브라함에게 이삭을 번제로 드리라고 했을 때, '모리아 땅의 한 산'을 지정하셨다. 아브라함이 이삭을 바친 것은 아브라함이 원하는 장소나 시간이 아니라 하나님이 원하는 시간과 장소였다.

목사가 가는 곳 어디에든 교회가 세워진다. 그곳이 아프리카이든 미국이든 대한민국이든 교회가 세워질 것이다. 그러나 나는 하나님이 내게 원하시는 곳은 대한민국이고, 대한민국 중에서도 봉천동이며, 봉천동 중에서도 봉천교회에 나를 제물로 드리기를 원하신다고 생각했다. 그래서 나의 생명, 나의 몸, 나의 신앙, 나의 시간, 그리고 나의 일상 모두 봉천교회를 위해서 바쳤다.

"네게 있는 것을 먼저 바치라."

그런 나에게 하나님이 이렇게 말씀하신 이유가 궁금했다. 기도하는 중에 떠오른 것은 바로 내 노후 보장을 위해서 준비해 두었던 연금이었다. 모든 것을 바치겠다고 각오하고 23년간 봉천교회에서 붙박이로 살아왔건만 아직도 내게 남은 것이 있었던 것이다.

"모든 것을 하나님께 바치겠다고 했는데 이까짓 연금도 못 바치랴."

그래서 연금으로 보장받으려 했던 나의 노후를 하나님께 맡기기로 결심하고, 10년 부었던 연금을 해약해서 모두 건축 헌금으로 드렸다. 그랬더니 정말 마음이 후련했고 뭐든지 자신감이 생기기 시작했다.

"우리는 성전을 지을 때 성경의 방법대로 건축해야 합니다. 노아가 방주 지을 때를 생각해 봅시다. 하나님은 방주를 잣나무로 지으라고

명했는데, 그곳에 가니까 잣나무가 많은 거 아니겠습니까? 이것은 '너는 다듬기만 하면 될 뿐, 재료는 내가 준비한다'라는 하나님의 뜻입니다. 노아에게 철선을 지으라고 했으면 방주는 못 만들었을 것입니다. 이 방법대로 우리가 교회를 짓는다고 생각하시면 됩니다. 하나님은 우리에게 재료를 주셨습니다. 우리에게 잣나무는 직장에서 받는 월급이 아니라 그 이외에 생각지도 못하게 더 받은 돈이 될 것입니다. 하나님은 여러분이 먹고살아야 할 돈으로 일하시는 분이 아닙니다. 정상적인 수입에서 초과하는 수입이 있으면 그것이 잣나무이고, 그것을 하나님이 성전을 위해 바치라고 하는 것입니다."

물론 어려움도 있었다. 1988년, 교회 건축이 시작되기 전이었지만, 마침 교회 근처에 테니스장과 연립 주택을 포함해서 약 790평의 땅이 나왔었다. 시세 차액을 보면 우리 교회 땅을 팔고 그쪽을 사면 약 6억 원 정도의 차액을 남길 수 있어서 건축 공사 비용에 상당히 도움이 될 수 있었다. 장로님들 중에는 '넓은 땅에 교회를 지을 수 있고, 교인들에게도 부담되지 않으니 옮기자'라는 의견이 많았다. 이 의견을 가지고 오랫동안 기도했다.

그러나 그곳에 사는 33명의 주민 동의를 얻기가 쉽지 않았다. 기도 중에 사람이 어떻게 함부로 건축 장소를 지정할 수 있겠느냐는 응답을 얻어 이 일은 무산되었다. 결과적으로는 하나님의 은혜로 건축이 잘되었고, 지역 노회에서는 가장 비싼 땅을 소유한 교회가 되었다.

교회 건축 중 이런 에피소드가 있었다. 건축이 한창 이뤄지는 중에 꿈을 꾸게 되었는데, 교회 건축에 관련한 꿈이었다.

건축 중인 교회를 둘러보고 있었는데, 문제는 같이 다녀야 할 건축위원장인 장로님이 아니라 다른 장로님이 함께 다니는 거였다. 꿈에서 깨고 나서 한참 고민했다. 이것이 무슨 의미일까 싶어 기도하는데, 하나님이 건축위원장을 바꾸라는 뜻 같았다.

그래서 건축위원회를 열어 위원장을 바꾸었다. 그렇게 하고 보니 기존의 건축위원장을 맡았던 장로님이 개인적인 사정으로 건축위원장을 하기가 어렵게 된 것이다. 하나님이 미리 알아서 문제를 해결해 주신 것이다.

교회 건축을 하는 동안 나는 매일 건축 현장을 둘러보며 힘들게 짐을 지고 올라가는 일꾼들을 위해 기도했다.

'하나님, 저들이 다치지 않게 해 주십시오. 저들이 다친다면 거룩하고자 한 일이 힘들어지게 됩니다. 만약 이 교회에 제물이 필요하다면 저를 대신해 주시옵소서.'

이런 간절한 기도 덕분인지 하나님은 아무런 사고 없이 교회가 완공되게 하셨고, 그해 10월 7일 입당 예배를 드릴 수 있었다. 봉천교회의 든든한 초석이 세워지게 된 것이다. 이렇게 큰일을 이루신 주님께 눈물로 감사할 수밖에 없었다.

먼저 감사합니다

나는 고아원을 건립하면서 다양한 분야에서 필요한 협력자와 지원자를 놓고 하루도 거르지 않고 간구했다. 초석을 놓기에 앞서 사역자들을 위해서 기도했고, 건축이 진행되는 동안에는 하루도 거르지 않고서 이 문제를 주님 앞에 내려놓았다. 다른 모든 일이 그랬던 것처럼 이런 특별한 문제 역시 하나님이 은혜롭게 직접 도와주신다고 확신했다. 이 모든 사역이 그분의 명예와 영광을 위한 것이기 때문이었다.

마침내 고아원을 개원할 때가 다가오고, 산적한 업무의 처리를 위해서 이미 두 해 전부터 서면으로 제출받은 지원서를 검토할 때가 되었다. 그런데 지원자들은 이미 결혼을 했거나, 아니면 검토해보니 자격을 갖추지 않았다. 이 일은 믿음에 적잖은 도전을 주었다.

나는 하루도 거르지 않고 몇 해 동안 이 특별한 문제를 놓고 기도하면서 하나님의 도움을 기대했다. 그런데 생각이 많았다. 분명히 도와주신다는 확신에도 불구하고 필요한 순간에 그 일이 이뤄지지 않는다면 어떻게 해야 할까? 하나님은 신실한 분이 아니라고 비난해야 할까? 기도해도 소용이 없다고 말해야 할까? 하지만 절대 그럴 수 없다.

그래서 오히려 이렇게 행동했다. 고아원 사역의 전반적인 확장과 관련해서 하나님이 베풀어주신 모든 도움에 감사했다. 첫 번째, 온갖 어려움을 극복하게 해 주신 것에 감사했다. 두 번째, 고아원에 필요한 새로운 협력자들을 보내 주실 것에 감사했다. 세 번째, 고아원을 위해서 이미 보내 주신 협력자들에 대해서도 감사했다.

_먼저 기도하라 | 조지 뮬러 지음 | 중에서

"# 09 목회에 대한 소망이 끊어지지 않게 하소서

장로 안수를 먼저, 시낭송하는 행복한 목사님

노치준 목사

노치준 목사는 목사 안수를 받기 전 집사, 권사 직분을 받고, 신학대학원생으로 장로 안수를 받은 특이한 경력을 갖고 있다. 광주대학교 교수로 재직 중 광주다일교회를 개척했으나 그 일로 인해 20여 년 동안 재직 중이던 교수직에서 사퇴해야 했다. 광주다일교회를 성공적으로 목회하다가 2008년 4월 오랜 전통을 갖고 있는 광주양림교회 담임 목사로 부임했다. 매주 주보에 시를 게재하고 예배 마치기 전에 성도들과 함께 시를 낭송하는 것으로 유명하다. 다일복지재단 이사 및 대외협력 이사이기도 하다. 저서로는 『일제하 한국 기독교 민족운동 연구』, 『한국의 교회조직』, 『한국 개신교 사회학』이 있고, 역서로는 『교회 분열의 사회적 배경』, 『종교생활의 원초적 형태』, 『신학이란 무엇인가』, 『사회학 입문』 등이 있다.

고려대학교 사회학과를 졸업하고, 서울대학교 대학원 사회학과에서 석사학위를, 연세대학교 대학원에서 사회학과 종교사회학 박사학위를 취득한 후, 장로회신학대학, 충남대학교 등에서 강사로 재직했다. 광주대학교 사회복지학과 정교수로 재직하던 중에 호남신학대학교 신학대학원 과정을 마쳤다.

"결사반대!"

"교회는 물러가라!"

100여 명의 사람들이 '결사반대', '교회는 물러가라'라고 쓰인 플래카드를 들고 아파트 입구를 막아섰다. 행인들이 힐끗거리며 그 옆을 지나갔다.

이 모습이 원자력발전소 유치를 반대하거나 혐오 시설 건축을 반대하는 집회라면 그럴듯했다. 그러나 아파트 상가에 교회가 입주하는 것을 아파트 주민이 반대하고 나선 시위 현장이었다. 나는 아파트 상가에 교회가 들어서는 게 이처럼 반대해야 할 일인지 의문스러웠다.

김진호 담임 목사님이나 전도사인 내가 이들에게 잘못을 한 것도 아니었다. 계약 과정에 잡음도 없었다. 더구나 교회 실내장식도 거의 마무리 단계에 있는 시점이었다. 만약 그들의 요구대로 입주할 수 없다면 교회가 고스란히 물질적·시간적 손해를 떠안아야 하는 형편이었다. 이것이 내가 처한 상황이라는 게 믿어지지 않았다. 목회에 첫발을 내디디는 순간부터 삐걱거리기 시작했다.

대학교수에서 목회자로!

대개 목회의 첫발을 내디딜 때는 신학대학원을 졸업하고 전도사나 목회 안수를 받으며 시작하는 것이 일반적이다. 그러나 나는 여러모로 일반 상식에서 벗어났다. 교회 개척 당시, 늦깎이로 신학대학원을 갓 졸업한 전도사였으며, 이미 대학교수로 사회생활을 시작한 사람이었다.

나는 서울대학교 대학원 사회학과에서 종교사회학을 전공해 석사학위를 취득한 후 성결대학교, 성공회대학교, 장로회신학대학교 등에서 〈사회학 개론〉과 〈종교사회학〉을 강의했다. 그 후 광주대학교 사회복지학과 전임교수로 재직 중에 연세대 대학원에서 종교사회학 박사학위를 받았다.

광주대학교에서 오랫동안 학생들을 가르치면서 고향인 서울에 있는 학교로 옮기려고 여러 번 시도했었다. 그러나 하나님은 철저하게 그 길을 막으셨다. 결국 광주가 제2의 고향이 되었다. 광주대학교에서의 생활은 보람 있고 즐거웠다. 어려운 일도 있었지만 학생들을 가르치는 기쁨이 더 컸다.

이 시기에는 한국교회에 대한 사회학적 분석의 논문들을 여러 편 썼고, 그 분야에서는 나름대로 조금씩 이름이 알려졌다. 『한국교회 재정 구조 연구』, 『한국교회의 개 교회주의에 대한 연구』, 『한국교회 성도 수 침체에 대한 연구』라는 제목의 논문을 쓰며, 한국교회에 대한 학문적인 관심뿐만 아니라 한국교회의 문제와 위기에 대한 실천적인 관심이 이어지기를 기대했다.

한국교회에 대한 실천적인 관심은 자연스럽게 목회로 이어졌다. 목회에 대한 열망이 생겼고 신학대학원을 가고 싶었다. 하지만 교직 생활을 소홀히 할 수 없는데다가 신학대학원에 다닐 형편도 아니었다. 차일피일 미루던 중 좋은 기회가 찾아왔다. 광주에서 15분 거리에 호남신학대학교 대학원 과정이 신설된 것이다. 나는 주저 없이 등록하고 3년 만에 학업을 마쳤다.

스물아홉 살에 교수가 되어 14년 동안 안정된 생활을 해 왔다. 어찌 보면 성공적인 삶이라 할 수도 있었다. 굳이 목회자가 되지 않아도 괜찮은 삶이었다.

하지만 목회자의 길을 가고 싶었다. 그러나 교수 신분으로 목회를 한다는 게 쉽지 않은 일이었다. 그런데 마침 섬기던 교회의 부목사이신 김진호 목사님이 교회를 개척하신다는 것이었다. 나로서는 목회에 발을 디딜 좋은 기회인 것 같았다.

마침내 그동안 모은 돈과 아내의 퇴직금을 합해 1억 원의 돈을 마련했고, 아파트 단지 내 상가를 임대했다. 그런데 아파트 주민이 교회 입주를 반대하고 나선 것이었다. 뜻밖의 변수였다. 주민 대표를 만나 설득했다.

"교회가 무슨 혐오 시설도 아니고, 왜 반대하는지 모르겠습니다. 이것은 불법입니다. 저는 이곳에 교회를 세울 권리가 있습니다."

그러자 주민 대표가 대답했다.

"교회가 들어서면 만날 새벽부터 시끄럽게 찬송할 텐데 사람이 살 수 있겠소? 또 교인들이 여기저기 주차하면 아파트 단지가 몸살을 앓는단 말이오. 그러니 그만 포기하시오."

"이미 내부 공사도 마무리 중인데 어쩌라고 이러십니까?"

"그래서? 어떻게 할 건데? 다른 곳에 가서 하든지 말든지!"

막무가내였다. 점점 거칠어지더니 나중에는 입에 담을 수 없는 말을 늘어놓았다. 교회에 대해 이처럼 부정적일 줄은 몰랐다. 아무리 설득해도 소용없었다.

2개 동인 아파트 단지는 앞뒤로 서 있었는데, 출구와 입구가 하나밖에 없는 구조였다. 그래서 그랬는지 주민은 소음에 무척 민감했다. 도무지 대화가 되지 않았다. 쇠사슬로 출입을 봉쇄하는 것도 모자라 장비를 실어 나르는 트럭이 도착하면 100여 명의 주민이 몸으로 막아섰다. 행인들은 막연히 교회가 무슨 큰 잘못을 했나 보다 여기고 혀를 끌끌 찼다. 정말 억울했다. 마치 하나님이 핍박당하는 것처럼 여겨졌다.

> 나로 말미암아 너희를 욕하고 박해하고 거짓으로 너희를 거슬러 모든 악한 말을 할 때에는 너희에게 복이 있나니 기뻐하고 즐거워하라 하늘에서 너희의 상이 큼이라 너희 전에 있던 선지

자들도 이같이 박해하였느니라 _마태복음 5장 11절~12절

두 교회를 합하여 '광주다일교회'라는 새 이름을 짓다

나는 그때 하나님께 이렇게 기도했다.

'하나님, 교회를 세우려는데 사람들이 못 세우게 합니다. 예수 이름 때문에 제가 이렇게 핍박받습니다. 예전에 선지자들이 핍박받듯이 저 역시 핍박받으니, 주여, 위로하여 주시고 이 문제를 잘 헤쳐나갈 수 있도록 해 주십시오. 처음 목회부터 이런 시련을 당했지만, 앞으로의 목회 길에서도 좌절하지 않고 목회에 대한 소망이 끊어지지 않도록 해 주십시오.'

결국 이 문제는 원만히 해결되지 않았다. 아파트 주민의 반대를 이겨낼 수 없었다. 어떤 이들은 경찰을 불러 그들을 진압하면 된다고 조언하기도 했다. 그들의 행동이 불법적이기 때문이었다. 그러나 교회를 세우면서 그런 일을 벌인다면 무슨 은혜가 될까. 교회가 세워진들 본연의 사명이 제대로 펼쳐질 리가 없었다.

첫 목회의 소망은 엉뚱한 데서 좌절을 맛보고 돈과 시간을 낭비하고 말았다. 하지만 모든 일에는 하나님의 뜻이 있지 않은가.

돌이켜 보면 첫 좌절은 나에게 매우 적절한 '시험'이었다. 우선 목회가 쉽지 않다는 것을 예방 접종한 셈이었다. 목회와 교수 일을 병행하

려 했던 나였기에 아마 어려움이 생긴다면 목회를 누구보다 쉽게 포기할 수 있는 입장이었다. 그러나 그 시험이 더 큰 시련이 왔을 때, 내게 견딜 힘과 용기를 불어넣어 주었다. 또한 하나님께서 목회의 설렘을 잃지 않게 하시고 지켜주신다는 것을 깨닫게 되었으니 꽤 괜찮은 과정이었다.

쓰린 마음으로 쫓겨난 김 목사님과 나는 광주에서 그리 멀지 않은 화순에서 목회를 시작했다. 그곳은 읍 소재지이나 아파트 단지여서 교회 입지로서 그리 나쁘지 않았다.

열심 덕분이었을까. 교회 개척 1년이 채 안 되었을 때, 예배 출석 인원이 60여 명에 이르렀다. 빠른 성장이었다.

그러자 그 교회를 떠나는 것이 옳다는 생각이 드는 게 아닌가. 아무래도 개척교회는 한 분의 목사님이 소신껏 하나님의 소명을 받은 대로 목회하는 것이 훨씬 더 효과적이라는 생각이 들었다. 그게 하나님의 뜻이라 확신했다.

기도 끝에 내린 결정이었다. 하나님은 나에게 또 다른 길을 준비시키셨다. 나는 김 목사님과 함께한 사역을 통해 내 목회 방향을 더욱 뚜렷하게 한 셈이었다.

만약 화순에서 교회 개척을 하지 않았다면 이런 시간이 빨리 오지 않았을지도 모른다. 독립할 기회가 아예 없거나 아니면 김 목사님과 심한 분란이 벌어질 수도 있었으리라. 결국 하나님은 내게 단독 목회를 하게 하려고 광주 시내 아파트 상가에 교회를 세울 수 없게 한 것이리라 생각되었다.

내가 목회할 개척교회는 광주에 세우고 싶었다. 하지만 막상 갈 곳이 없었다. 힘들게 교회 터를 물색하고 있는데, 광주 시내에서 건강 매트 판매업을 하는 한 집사님이 사업장을 빌려 주시겠다고 연락이 왔다. 그때가 2000년 3월이었다.

광주에서 단독으로 목회를 시작하자 하나님의 뜻이 나를 통해 펼쳐지는 것 같았다. 불과 교회 개척 세 달 만에 40여 명의 성도가 모여 예배드리게 되었고, 예배당으로 쓰는 사업장이 좁을 정도였다. 월세일지라도 좀 더 넓은 곳으로 이사 갈 계획을 세웠다.

하나님이 하시는 일이 분명했다. 하나님이 교회를 어디로 어떻게 인도하실지 기대되고 설레었다. 그런데 정말 생각지도 않은 곳에 기회가 기다리고 있었다.

마침 광주대학교 교직원으로 함께 근무하는 장기영 장로님과 어머님께서 뜻을 세워 교회를 짓게 되었는데 아직 목회자를 구하지 못했다는 거였다! 세상에! 어떻게 이처럼 시간이 정확한 것일까? 전율이 일었다.

광주의 신도시 풍암동에 있는 그곳은 140평의 대지에 총건평 200여 평, 300석에 가까운 예배실을 갖춘 교회였다. 장 장로님은 현재 함께 예배드리는 성도가 20명이 있는데 두 교회가 합하여 한 교회로 만들자고 제안했다. 우리 교회는 건물이 없고, 장로님 교회는 목회자가 없는 형편이니 외견상 잘 맞는 일이었다. 하나님의 뜻이라고 생각하고 나는 그 일을 적극적으로 추진했다.

두 교회를 통합하는 일이 쉽지만은 않았으나 그 문제도 하나님께서 잘 해결해 주셨다. 교인들도 어느새 화합하여 부딪히는 문제들이 실타래 풀리듯 풀렸다. 두 교회를 합하여 '광주다일교회'라는 새 이름으로 다시 출발하게 되었다.

광주로 온 지 불과 몇 달 만에 벌어진 일이었다. 이렇게 일이 쉽게 풀릴 줄은 생각도 못했다. 60명의 성도가 함께 예배드리니 감사와 기쁨이 넘쳤다. 예배를 드리면서도 꿈을 꾸는 것만 같았다.

그러고 보니, 목회를 하겠다고 결심한 지 얼마 되지 않은 시간에 네 군데나 교회를 옮겨 다녔다. 안타까운 일이기도 했으나 때마다 일마다 주님께서 돕는 손길을 보내셔서 힘든 고비를 넘길 수 있었다.

위기는 언제나 찾아온다. 그러나 그 위기 가운데 우리를 가만히 내버려 두지 않으시고 손을 내밀어 도와주시는 하나님을 만날 수 있다. 위기마저 감사한 이유이다.

교수, 그 안전판을 하나님은 싫어하시다

대학교수를 하면서 동시에 목회하는 사례는 찾아보기 어렵다. 어쩌면 교수직이 목회를 하면서 경제적으로 보호받을 수 있는 안전판이 될 수 있지만, 주님은 나의 안전판인 교수직을 제거하기를 원하셨던 것 같다. 교수라는 직업은 나를 계속 불편하게 하는 올무가 되어갔다. 그 첫 번째 시련이 목사 안수 때 일어났다.

신학교를 졸업한 지 2년이 흘렀고, 예배 처소를 4번이나 옮기는 우여곡절이 있었지만, 교회는 거듭 성장했다. 이제 남은 문제는 목사 안수를 받는 일이었다. 그런데 생각보다 녹록지 않았다.

목사 고시에도 합격했고, 졸업 후 목사 안수에 필요한 기간도 다 채웠던 나는 노회에 안수 청원을 했다. 별문제가 없을 거였다. 그런데 노회는 뜻밖에도 허락할 수 없다는 답변을 해 왔다. 이유는 현재 신학대학교가 아닌 일반 대학교인 광주대학교 교수로 근무하면서 목사가 되는 것은 이중직에 해당해 허락할 수 없다는 거였다.

교수라는 직업이 어떻게 목회에 방해가 된다는 말인가. 지금 생각하면 충분히 공감하지만 당시로써는 이해하지 못했다. 그저 노회에 무척 섭섭하기만 했다. 교수가 해 끼치는 것도, 부정한 일을 하는 것도 아닌데 왜 반대하는지 이해할 수 없었다.

'텃세를 부리는 거 아냐?'

'교수라니까 시기하는 것 아닌가?'

이런 부정적인 생각을 하며 노회에 몇 번씩 들락거렸는지 모른다. 나를 잘 알 만한 목사님들에게 찾아가 이리저리 도움을 청했으나 길이 열리지 않았다. 목회를 위해선 목사가 되어야 하는데 정말 답답한 노릇이었다.

목사 안수 받는 일이 어려워지자, 내 딴에는 머리를 썼다. 전남노회에서 허락하지 않으니 서울에 있는 노회를 통해보자는 생각이었다. 우선 가장 친한 최일도 목사님에게 부탁했다. 최일도 목사님은 나와 같은 연배로 내가 장로회신학대학교에서 강사로 있을 때 군대를 막 전역한 늦깎이 대학생으로 만난 인연이 있었다. 비록 교수와

학생 신분이었지만, 서로 같은 또래였기에 강의가 끝나면 친구로 교류했었다. 그때는 최일도 목사님이 지금처럼 유명한 목사가 될 줄은 상상도 못했다.

나는 최일도 목사님에게 사정을 얘기했고, 최 목사님은 내 형편을 알고 도와주었다. 그가 운영하고 있는 다일복지재단의 산하 기간에 전도목사로 나를 세워 다일복지재단이 속해 있는 노회에 추천서를 넣어 준 것이다. 내 계획대로 그 노회에서는 특별한 제재 없이 나를 목사로 세워 주었다.

그런데 이것이 문제였다. 전남노회에서 거절했던 일이 다른 곳에서 허락된 게 아닌가. 문제가 될 게 뻔했다. 사실 서울노회에서는 내 경력을 꼼꼼히 살피지는 못한 것 같았다. 최 목사님의 추천서를 보고 통과시킨 것이다.

하지만 한쪽 노회에서 거부한 일을 다른 노회에서 허락했으니 이유야 어찌 됐든 다일복지재단 소속 노회의 서기 목사님이 광주에 내려와 사과해야 했다. 그뿐만 아니었다. 최일도 목사님도 노회 임원회에 불려 가 질책을 받았다. 이런 과정에서 나 자신이 당한 마음의 고통은 무척 컸다. 지금도 심려를 끼쳐 드린 양 노회 목사님들과 최 목사님께 죄송한 마음뿐이다.

당시 이런 일을 겪으면서 간절히 기도했다.

'하나님, 이번 일로 인해 목사 안수라는 것이 이렇게 귀한 것임을 알았습니다. 제가 용서받아서 안수 받게 되면 정말 목사직을 거룩하고 아름답게 유지하도록 하겠습니다. 이 가운데에도 하나님의 뜻이 있을

터이니, 누구도 상하지 않게 해 주십시오.'

목사 안수 문제는 여러 목사님의 사죄로 사후 이런 일이 없게 하겠다는 다짐을 통해 일단락됐다. 나는 다일복지재단의 전도 목사 신분으로, 그 재단 소속 노회에 속해 있으면서 광주다일교회에 파견된 목회자가 되었다. 그렇게 해서 교수직을 유지하면서 목사 안수를 받게 되었다.

그런데 이 문제는 다른 쪽에서 불거졌다.

교수직, 결국 내려놓다

결국 교수직을 내려놓아야 할 일이 벌어졌다. 목사 안수를 받고 강의와 목회를 병행하면서 몇 달이 흘렀다.

어느 날이었다. 광주대학교 기획실장이 나를 불렀다. 기획실장은 광주대학교 이사장님의 아들이고, 차기 이사장이 될 사람이었으니 실권이 막강했다. 그런 분이 나를 부른다는 것은 심각한 일임을 의미했다.

"노 교수님, 목회하신다면서요? 교수님이 목회하시는 교회에 대한 얘기를 들었습니다."

그는 먼저 이렇게 운을 뗐다.

"우리 학교에서는 목사와 교수를 겸직할 수 없습니다. 목사를 그만두든지, 교수를 그만두든지 하나를 택하십시오."

각오했지만, 이처럼 직설적일 줄은 몰랐다. 내 계획을 묻지도 않고

단도직입적으로 말을 내뱉으니 다소 당황스러웠다.

"말씀은 알겠습니다. 하지만 교수 경력이 18년째이니 2년만 더 근무하도록 허락해 주십시오."

20년을 재직하면 연금을 받을 수 있었기에 이렇게 간청했지만 그의 대답은 단호했다.

"안 됩니다. 만약 목회를 지속하신다면 학교 측에서는 바로 제명할 수밖에 없습니다."

사정을 모르는 것은 아니지만, 광주대학교에서 비교적 좋은 평판을 들을 만큼 가르쳤는데 2년 정도도 배려할 수 없다는 것이 야박하게 느껴졌다. 그러나 어떻게 하겠는가. 학교에서 목회를 배려하지 않는다면 고민할 것이 무엇이겠는가. 교수를 그만둘 수밖에 없다고 과감히 결단했다.

"알았습니다. 학교를 그만두겠습니다."

큰소리치고 그 자리에서 당당하게 나왔다. 기왕 나올 거면 큰소리라도 쳐 보자는 심산이었다. 개척교회의 목사직을 교수직보다 더 소중하게 여길 수 있는 믿음을 주시고 그 믿음대로 행할 수 있도록 인도해 주신 하나님께 감사했다. 하지만 그렇다고 해서 마음 한구석에 웅크리고 있던 불안함이 완전히 해소된 것은 아니었다.

불안감의 정체는 아내에게 어떻게 말하느냐는 것이었다. 난감했다. 3년 동안 목회하면서 교회에서는 사례비를 받은 적이 없었다. 학교에서 받는 월급으로 생활해 왔다. 그런데 이제 교수직을 내려놓으면 교회에서 사례비를 받아도 이전보다 경제적으로 어려울 터였다.

아내에게 학교를 그만두겠다는 말을 하기가 어려웠다.

'아내가 절대로 안 된다고 하면 어떡하지?'

걱정이었다. 나 혼자 감당할 수 있는 문제라면 문제도 아니었다. 아내에게 짐이 될 수 있는 목회의 길이었다. 나는 기획실장을 만난 후 일주일 동안 기도만 드렸다.

'주님, 은혜 내려 주셔서 이 고비를 잘 넘기게 해 주십시오.'

마침내 용기가 생겼다. 그리고 아내에게 고백했다. 기획실장을 만난 일 등 그간의 사정을 그대로 전했다.

아내의 반응은 놀라울 정도로 의외였다. 너무나도 흔쾌히 교수를 그만두는 일에 찬성하는 것이 아닌가. 내가 왜 그토록 고민했나 싶을 정도였다.

"잘했어요. 당신이 두 가지 일을 하면서 건강이라도 상하면 어쩌나 걱정했는데……. 하나님께서 이 문제를 정리해 주신 것이니 얼마나 감사해요."

아내의 말이 얼마나 힘이 되고 위로가 되었는지 모른다. 그 순간 무거운 짐이 내려지고 하늘을 나는 것 같았다. 결정적인 순간에 주님 앞으로 더 가까이 나갈 수 있도록 돕는 아내……. 아내와 함께하게 하신 하나님께 깊이 감사드렸다.

> 하나님께 자신을 드리는 것이 무슨 뜻인지 이해하게 되면, 모든 일이 하나님의 손 안에서 일어나고 있음을 인정하게 될 것입니다. 드리기로 작정했으면 완전히 드리십시오. 일단 자신을 하나님께 드렸으면, 다시 돌려받으려고 하지 마십시오. 한 번 준 선물은 더 이상 사람의 소유가 아님을 기억하십시오. 믿음이 자라는 데 있어 자신을 드린다는 것은 대단히 중요한 요소입니다. 그것은 우리 마음 깊은 곳을 여는 열쇠입니다. 자신을 하나님께 드리는 것은 하나님의 거룩한 뜻과 온전히 하나 되기 위해 이기적인 모든 관심들을 내버리는 것입니다. 하나님은 우리를 이런 '포기'의 자리로 부르십니다.
> _잔느 귀용의 『하나님을 경험하는 기도』 중에서

그럼에도 나의 믿음은 여전히 부족했다. 실제로 경제적으로는 문젯거리가 많았다. 안정적인 생활 자금줄이 끊어지면 앞으로 어떻게 살아갈 것인지 염려가 밀려왔다.

'주님, 학교를 그만두면 수입이 줄어들 것입니다. 그리고 생각해 왔던 연금도 받을 수 없습니다. 어떻게 해야 하나요?'

몇 번 기도를 드려도 마음속에 평안함이 없었다. 음성이 들릴 때까지 열심히 기도에 매달렸다. 그러던 어느 날, 날 책망하시는 듯한 하나님의 음성이 들려왔다.

"도대체 넌 연금을 받으면 얼마나 받기에 그러느냐?"

질문의 뜻을 잘 알았어야 했는데, 나는 이렇게 대답했다.

"200만 원 정도입니다."

그러자 주님께서 그것보다 더 줄 테니 그만 기도하라는 것이었다. 이 음성을 들은 후 믿음 없는 나 자신이 얼마나 부끄러웠는지. 정말 얼굴이 화끈해지는 응답이었다. 한편 속이 시원하기도 했다.

내게 꼭 필요한 약속을 응답해 주신 주님께 얼마나 감사했는지 어린아이처럼 기뻤다. 이 일을 계기로 학교의 일을 매듭짓고 목회에 매진할 수 있었다.

또 한 번의 고비, 광주양림교회로의 부임

학교를 사임한 후 오직 광주다일교회에서 열심히 사역했다. 교수라는 안전판을 내려놓자 오히려 모든 능력을 사역에만 집중할 수 있었다. 하나님이 교수를 그만두게 한 것에는 이유가 있었다. 목회 현장은 이론과 다른 면이 많았다.

교회 일이란 내 뜻대로 되는 것이 아니라는 사실을 매번 깨닫게 됐다. 어려움에 부닥칠 때마다 때를 따라 주시는 주님의 은혜로 잘 이겨냈고 그런 은혜를 주신 하나님께 감사할 뿐이었다.

다일교회에서 목회한 지 어느덧 6년이 지났다. 그때까지 다일교회는 하나님의 은혜로 점차 부흥해 출석 교인 수가 300명이 넘었으며 여러 명의 장로님도 세울 수 있었다. 이처럼 교회가 안정되고 평안한 것은 감사한 일이나, 한편으론 내게 알 수 없는 불안감이 있었다. 나 자신이 교회에 자꾸 갇힌 듯했고, 매너리즘에 빠진 듯 알 수 없는 염려가 생겼다. 거기에 목회의 비전에 대한 답답함도 더했다.

그즈음, 광주양림교회에서 청빙이 왔다. 광주양림교회는 광주의 초대교회를 대표했다. 광주 지역의 어머니교회라고 할까. 1904년 미국 남 장로회에서 파견된 배유지, 오기원, 변요한 선교사가 세운 교회로, 배유지 목사의 임시 사택에서 200여 명이 모여 공동 예배를 드린 것을 시초한 유서 깊은 교회였다. 규모는 다일교회의 몇 배였다.

청빙이 오자 도전하는 마음으로 기도했다. 긴 기다림 끝에 얻은 응답은 교회를 옮겨야겠다는 것이었다. 시간이 지날수록 하나님께서 내게 새로운 길을 가기 원하신다는 확신이 들었다.

그러나 특별한 문제 없이 개척교회를 내려놓는다는 것이 쉽지 않았다. 다일교회 교인들의 대다수는 떠나지 말라고 간곡히 부탁했다. 주변의 의견을 물어도 반반으로 나뉘었다. 나 자신도 마지막 순간까지 하나님께 묻고 또 물었다. 이 과정에서 나의 어두운 모습이 밖으로 드러나는 것을 보기도 했다.

마침내 나를 제단 위에 던지듯 양림교회로 부임하게 되었다. 그렇게 시무 장로 스물넷, 은퇴 장로 열일곱 분이 계시는 107년 역사의 양림교회를 섬긴 지 벌써 3년이 지났다.

이 땅의 믿음의 대물림, 이 은혜 가득한 교회를 섬기는 일은 무엇보다 나를 겸손하게 한다. 이 모든 것이 하나님의 은혜로 이뤄졌음에 더욱 감사하다.

마음의 꽃 중 최고, 감사의 꽃

밥 존스 박사(Dr. Bob Jones)는 "마음의 동산에 피는 꽃 중에 가장 사랑스러운 꽃은 감사의 꽃이다. 마음의 제단에서 감사가 사라질 때 그 사람은 거의 죽은 것이나 다름없다"라고 말했다. 사고나 질병이 없어서 행복하고 감사하다면 행복한 사람이나 감사하는 사람을 쉽게 찾기 어려울 것이다. 산다는 것은, 좋은 일이나 기쁜 일보다 그 반대의 일들이 더 많기 때문이다.

"우리는 행복하기 때문에 웃는 것이 아니고, 웃기 때문에 행복하다."
미국의 심리학자이자 철학자인 윌리엄 제임스의 말이다. 웃을 일이나 행복한 일은 저절로 일어나지 않는다는 말일 것이다.

성경의 '욥기'는 '욥'이라는 실존 인물의 가장 힘들고 어려웠던 때를 기록한 것이다. 하루아침에 욥은 열 자녀와 건강, 종들은 물론 소 떼, 나귀 떼, 낙타 떼, 양 떼까지 한꺼번에 잃어야 했다. 스바 사람들이 종들을 죽이고 소와 나귀를 강탈했으며, 난데없이 하늘에서 불이 내려 7천 마리의 양과 목동을 태워버리기도 했다. 뿐만이 아니었다. 갈대아 사람들이 3천 마리나 되는 낙타를 빼앗고, 종들을 죽였다. 급기야 자녀를 모두 잃어버리는 불행까지 겪고 말았다. 마지막 위로를 기대했던 아내마저 '하나님을 저주하고 죽으라'라고 말했다.

그럼에도 불구하고 욥은 이렇게 고백한다.

"생명과 은혜를 내게 주시고 나를 보살피심으로 내 영을 지키셨나이다."
이런 비참한 때에 영혼 깊은 데서부터 하나님에 대한 감사가 우러나온 것이다. 욥의 감사는 '차고 넘쳐서' 고백하는 감사가 아니었다. 욥은 아내와 친구들과 친척들이 모두 떠나버린 가운데 하나님이 함께하시기에, 살아 숨쉬는 것만으로도 진정 하나님께 감사한 사람이었다.

_편집부 정리

범사에 감사하라

초판1쇄 인쇄 | 2011년 8월 25일
초판1쇄 발행 | 2011년 8월 29일

지은이 | 김형준
발행인 | 김동영
펴낸이 | 강영란

편 집 | 남유림
디자인 | 노영현
제 작 | 장성준, 박이수
마케팅 | 조광진, 안재임, 최금순

펴낸곳 | 강같은평화
주 소 | 128-840 서울시 마포구 동교동 165-1 미래프라자 7층, 11층
전 화 | 편집부(직통) 070-4010-2035, 경영지원부 (02)325-6047-8
팩 스 | 주문 (02)2648-1311(총무부)

발행처 | 이지북
출판등록 | 2000년 11월 9일

ISBN 978-89-5624-376-4(13320)

* 강같은평화는 이지북의 기독출판 브랜드입니다.
* 값은 뒤표지에 있습니다.
* 잘못 만들어진 책은 바꿔드립니다.